课证融通校行企合作规划教材

关务操作实务

张艰伟　主编

中国财经出版传媒集团
中国财政经济出版社

图书在版编目（CIP）数据

关务操作实务/张艰伟主编．—北京：中国财政经济出版社，2016.8
课证融通校行企合作规划教材
ISBN 978－7－5095－6888－0

Ⅰ.①关…　Ⅱ.①张…　Ⅲ.①海关－业务－中国－教材　Ⅳ.①F752.5－62

中国版本图书馆 CIP 数据核字（2016）第 177784 号

责任编辑：王　芳　　　　　　责任校对：杨瑞琦
封面设计：华乐功　　　　　　版式设计：董生平

中国财政经济出版社 出版

URL：http：//www.cfeph.cn
E－mail：jiaoyu@cfeph.cn

社址：北京市海淀区阜成路甲 28 号　邮政编码：100142
营销中心电话：88190406　北京财经书店电话：64033436　84041336
北京财经印刷厂印刷　各地新华书店经销
787×1092 毫米　16 开　9.5 印张　248 000 字
2017 年 5 月第 1 版　2017 年 5 月北京第 1 次印刷
定价：37.00 元（含配套教学资源库）
ISBN 978－7－5095－6888－0/F·5530
（图书出现印装问题，本社负责调换）
本社质量投诉电话：010－88190744
打击盗版举报热线：010－88190414　QQ：447268889

编 者 的 话

关务工作是国际贸易的一个重要组成部分。在国际贸易中，各国政府为了保护本国的利益，会对进出本国的商品交易设置一定的壁垒。这些壁垒对从事贸易的当事人会造成一定的困难，从而应运而生了一个职业关务员。关务工作是一门技术性、政策性、时效性很强工作，不仅需要具备一定的国际贸易知识，还要通晓相关国家的进出口法律，具备实现顺利通关的能力。

本教材依据最新海关规则编写。在编写的过程中，我们力求与职业岗位的实际业务相衔接，能够体现真实的工作内容。因此，在全书中开辟了小贴士、职业应用、业务链接和实战案例等栏目。这些栏目的内容既是全书内容的一部分，更是理论知识在职业领域的具体实践，希望读者在学习的过程中能结合运用。本书与《关务基础知识》一书配套使用，学员应在学完《关务基础知识》后再学习本教材。

本教材安排80学时，其分配建议如下表所示：

模块	名　称	学　时		机动
		理论	实践	
一	海关申报操作	8	10	2
二	进出口税费计算	6	8	
三	进出口报关单填制与审核	8	10	2
四	进出口商品报检操作	8	8	2
小　计		30	36	6
复习和考试		8		
合　计		80		

本教材第1、2、4模块由张艰伟编写，第3模块由陈文培编写，全书由张艰伟统稿。

由于编者的水平有限，书中错误、纰漏在所难免，恳请读者和同行批评指正，以便不断地完善和充实。

编　者

2017年3月于上海

目录

模块一　海关申报操作

项目一　报关基本程序

【项目目标】

知识目标

1. 海关监管货物
2. 海关监管货物的类别
3. 报关的基本程序
4. 无纸化通关
5. 通关作业中海关分类管理的基本模式
6. 无纸化通关基本流程

能力目标

1. 判断海关监管货物
2. 判别海关监管货物的类别
3. 判断货物报关行为
4. 分析报关行为

【专业知识】

一、进出口货物海关监管类别

1. 海关监管货物

进出口货物未经过海关批准不得进境或出境。海关对进出口货物通过不同的监管类别进行差异化管理。**海关监管货物是指自进境起到办结海关手续的进口货物，自向海关申报起到出境的出口货物，以及自进境起到出境止的过境、转运、通运货物等应当接受海关监管的货物**。所谓的海关监管就是，海关对监管对象的储存、流通、加工和使用等过程进行全程的监督和管理。

2. 海关监管货物分类

海关监管货物分为：一般进出口货物，保税货物，暂准进出口货物，特定减免税货物，过境、转运、通运货物以及其他未办结海关手续的进出境货物六类。其中，前面四种是主要的监管类型。主要海关监管货物的海关界定见表 1－1。

表 1－1　　主要海关监管货物划分

监管方式		海关界定
一般进出口货物	一般进口货物	办结海关手续进入国内生产、消费领域流通的进口货物
	一般出口货物	办结海关手续到境外生产、消费领域流通的出口货物
保税货物		经海关批准未办理纳税手续进境，在境内储存、加工、装配后复出境的货物
特定减免税货物		经海关依法准予免税进口的用于特定地区、特定企业，有特殊用途的货物
暂准进出口货物	暂准进境货物	经海关批准凭担保进境，在境内使用后原状复运出境的货物
	暂准出境货物	经海关批准凭担保出境，在境外使用后原状复运进境的货物

从上述分析可以看出：一般进出口货物、暂准进出口货物需要按照进口和出口分别管理。其中，保税货物被分为保税加工货物和保税物流货物两大类进行管理。

小贴士

海关根据进出口货物的监管类别，确定对其实行一定的监管程序，也就是说对不同的被监管货物，采用不同的监管条件和监管程序。

职业应用

在通关实务中，不同货物的海关监管实例见表 1－2。

表 1-2　　海关监管货物实例

监管方式	实例列举
一般进出口货物	浙江天源进出口贸易公司向日本 QUD 商社出口在日本市场上销售的马桶盖
	江苏温德姆制衣厂从韩国进口用于生产内销大衣的内衬
保税货物	江苏温德姆制衣厂从韩国进口用于生产加工贸易合同下外销大衣的内衬
	出口加工贸易项下生产的成品移送至保税仓库
	从一个加工贸易项下结转至另一个加工贸易项下的进口布材料
	加工贸易项下加工的长毛绒玩具存放于保税区物流仓库
	未办理进口纳税手续，存放于保税仓库的用于维修进口汽车的配件
特定减免税货物	按规定进口用于外商独资企业自用的光学仪器设备
	按规定进口用于科学研究的专用品或教学专用品
暂准进出口货物	我国运动员为在国外比赛中使用而出境的帆船
	用于对外援建高铁而出境的道路平整机械
	美国厂商为在我国展览会上展出而需要入境的新能源汽车

业务链接

其他海关监管货物

（1）过境货物。过境货物是指从境外起运，在我国境内不论是否换装运输工具，通过陆路运输，继续运往境外的货物。

（2）转运货物。转运货物是指由境外起运，通过我国境内设立海关的地点换装运输工具，不通过境内陆路运输，继续运往境外的货物。

（3）通运货物。通运货物是指从境外起运，不通过我国境内陆路运输，运进境后由原运输工具载运出境的货物。

（4）其他进出境货物。其他进出境货物是指尚未办结海关手续的其他进出境货物。

二、进出口货物报关基本程序

货物报关程序是指进出口货物收发货人或其代理人，根据海关的有关监管规定，向海关办理准予货物出口或进口的有关手续和步骤。

根据海关的规定，不同的监管货物其报关程序有所区别，对于一般进出口货物报关须经过申报、陪同查验、缴纳税费、提取或装运货物四个作业环节。对于保税货物、暂准进出口货物、特定减免税货物来讲，还需办理前期的备案和后期的核销的手续。报关程序的流程如

图 1－1 所示。不同监管货物在报关的各个阶段主要工作流程见表 1－3。

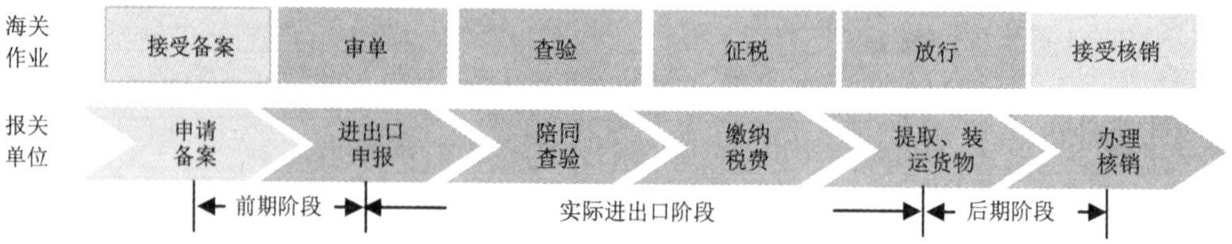

图 1－1 报关程序流程图

表 1－3 **不同监管货物报关的各个阶段主要工作**

阶段	工作任务	一般进出口货物	保税加工货物	保税物流货物	特定减免税货物	暂准进出口货物
前期	在货物实际进出口之前向海关办理前期手续		备案申请		申领证明	备案申请
进出口申报	根据规定向海关申报进出口货物的情况	实际申报				
配合查验	根据海关要求到达现场，负责货物搬移和开包	现场查验				
缴纳税费	接到海关税费通知书后，按规定缴纳税费	缴纳税费	办理保税			提供担保
提取、装运货物	海关放行后提取或通知承运人装运货物	提运货物				
后期	在货物实际进出口后向海关办理后续手续		申请核销		申请核销	申请销案

小贴士

根据海关规定，对于经海关批准进口的保税货物、特定减免税货物和暂准进出口货物在货物的实际进出口环节可以暂缓纳税。

职业应用

上海航联报关有限公司接受上海新海贸易公司委托代理从日本进口一批“塑料为基本成分粘合剂”（HS 编码 3506919090）的进口报关业务。

航联公司报关员根据客户提供的报关资料得知该批货物属于一般进口货物。并通过查询《中国海关报关实用手册》得知该批货物：无海关监管条件；进口关税最惠国税率 10%；增值税税率 17%。据此报关员审核并收取客户的商业发票、装箱单和提货单等报关单证。通知客户准备税费资金。

航联公司单证部在规定的时间内制作了报关单，并向海关 H2000 系统进行申报，由于此批货物涉及关税，需要进行现场纸质申报。因此，报关员在接到海关的“现场交单”指令后，向海关业务现场办理纸质申报手续。很快得到海关的免于查验和缴税的指令。随即报关员通知客户通过商业银行支付应缴税款。海关接到银行税款缴付通知后发出货物放行指令。

业务链接

代理报关企业的报关作业流程

（1）报关准备。签订“报关委托协议”、获取报关随附单证及相关信息、审核报关随附单证及信息、填制“进出口货物报关单”草表、复核“进出口货物报关单”等；

（2）现场作业。“报关单电子数据”申报、提交纸质报关单证（无纸化通关可免）、接收海关指令（回复）、配合海关查验、缴纳税费、提取或装运货物等；

（3）后续作业。获取报关证明、报关单证归档、财务结算等。

三、无纸化报关

1. 货物分类通关

分类通关作业是指海关运用风险管理的理念和方法，以企业守法管理为核心，综合各类风险要素，按照风险高低对进出口货物实施分类，在通关过程中采取不同的管理要求和管理程序，实施差别化作业的通关管理模式。

海关分类管理的基本模式见表1－4。

表1－4　海关分类管理基本模式

序号	模式	海关管理模式
1	低风险快速放行	对确定为低风险的货物[1]，不涉及许可证件和税费的，完成电子审核后，自动放行
2	低风险单证审核	对确定为低风险，但涉及许可证件或征收税费的货物，申报人现场交单，完成许可证件审核、税费征收后放行
3	高风险重点审核	对确定为高风险的货物，申报人现场交单，由海关关员根据风险提示重点审核和查验

备注：1. 含海关特殊监管区域和保税监管场所的货物。

2. 无纸化报关

无质化报关是相对于纸质报关的一种便捷报关模式。**无纸化通关是指利用中国电子口岸及现代海关业务系统信息化系统功能，改变海关验核进出口企业递交书面报关单及随附单证办理通关手续的做法，直接对企业联网申报的进出口货物报关单电子数据进行无纸审核、验放处理的通关模式**。无纸化通关就是简化了纸质交单过程的报关模式。基本流程见图1－2。

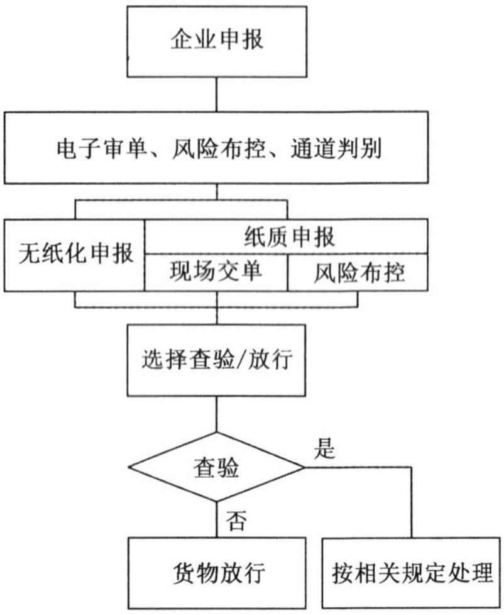

图 1－2 无纸化通关基本流程示意图

从上述示意图可以看出，无纸化通关适用于低风险，且不涉及许可证管理的进出口货物。随着通关便利化措施的不断提升，一些涉及许可证管理的货物也可适用无纸化通关，并有逐步扩大的趋势。具体内容可以参看海关的公告。

小贴士

采用无纸化通关模式时，申报企业是通过报关单预录入客户端，选择“通关无纸化”方式，向海关同时发送报关单电子数据和随附单证电子数据。符合条件的企业还可以免于发送报关单随附单证电子数据。

业务链接

无纸化通关与传统通关对比

（1）速度更快。由传统的纸质单证为主向电子数据为主转变，实现通关全程无纸化。海关与检验检疫、港务、机场、银行等其他单位联动性提高。进一步提升了口岸通关效率。

（2）成本减少。实现通关单无纸化以后，申领纸质通关单这一环节省略了，法检商品的通关作业环节简化，使得企业往返通关现场的次数减少，成本降低。

（3）简化流程。利用现代化电子技术，试行报关报检“一单两报”，使企业的通关数据通过电子平台将报关、报检数据分别发送到检验检疫部门和海关，减少了企业重复录入。

【实战案例】

王婷是某贸易学校国际商务专业的一年级学生，根据学校安排到天津东河国际物流有限公司进行专业认知实习。实习的第一天，公司的指导老师给了小王一叠报关资料，要求她按照海关的监管方式和报关进程进行分类整理。什么是海关监管方式，什么叫作报关进程，你能帮助小王提供一条工作思路吗?

小王将这些资料进行整理，并将相关信息整理摘录在表 1－5 中。

表 1－5　相关信息

序号	货物信息摘录	报关进程
1	上海国际赛车场进口用于铺设休息区地面的沥青材料	完成向海关 H2000 系统传送报关电子数据
2	上海久事国际赛事管理有限公司委托中外运金陵货运代理公司办理法拉利车队比赛用车的进境	已向海关提交“货物暂时进/出境申请书”，等待审批
3	上海赛车场进口用于法拉利车队宣传广告的 T 恤衫 1000 件	根据海关的指令，准备向海关指定的银行支付进口税费
4	上海塞博保温设备加工厂，进口用于保税来料加工合同下的保温填充材料	货物已运抵进口港港区，等待海关查验
5	东莞福缘电器制造有限公司（中外合资）进口用于生产流水线上的配件（传送带）。该公司生产的产品全部运往境外销售	报关资料收集齐全，向海关申请“进出口货物征免税证明”
6	阿尔卑斯物流（中国）公司（日本独资公司）暂存于上海外高桥保税区内，从德国进口销往东南亚诸国的奔驰轿车配件	部分配件申报进口
7	上海展览中心进口用于展销会上销售的葡萄酒	海关已经在报关单上加盖了“海关放行章”
8	BK 汽车制造公司为制造出口汽车，从存放于外高桥保税区德祥物流仓库提取进口汽车底盘配件	仓库的货物已经出货完毕，准备向海关申请办理核销手续

【案例操作】

根据海关对进出口监管货物的分类和报关的基本程序，上述报关货物所属的海关监管类别和报关进程如表 1－6：

表 1－6　　分类整理表

序号	监管类别	报关进程
1	一般进口货物	进口申报
2	暂准进口货物	备案申请
3	一般进口货物	缴纳税费
4	保税加工货物	配合查验
5	特定减免税货物	申领免税证明
6	保税物流货物	进口申报
7	一般进口	提取货物
8	保税物流	申请核销

项目二　一般进出口货物报关

【项目目标】

知识目标

1. 一般进出口货物的特点
2. 一般进出口货物的范围
3. 一般进出口货物申报要点
4. 报关单证分类
5. 配合海关查验基本规定
6. 缴纳税费作业流程
7. 提取或出运货物的作业流程

能力目标

1. 判别一般进出口货物
2. 办理申报作业
3. 整理报关单证

4. 计算滞报金金额
5. 进行配合海关查验作业
6. 进行实际进出口阶段报关作业

【专业知识】

一、一般进出口货物海关监管特征

1. 一般进出口货物概述

一般进出口货物是指在进出口环节缴纳了应征的进出口税费并办结了所有必要的海关手续，海关放行后不再进行监管，可以直接进入生产和消费领域流通的进出口货物。

小贴士

一般进出口货物不完全等同于一般贸易货物。一般贸易货物是一种贸易方式下的货物，而一般进出口货物是海关一种监管方式下对货物的界定。

一般进出口货物在海关监管过程中具有特征见表 1－7。

表 1－7　一般进出口货物海关监管特征

特　征	说　明
进出境时缴纳进出口税费	根据相关规定，应该向海关全额缴纳应缴的关税、进口环节税和其他费用
进出口时提交相关的许可证件	对于需要申领许可证件的，应当向海关提交相关的进出口许可证件
海关放行即办结海关手续	海关放行就意味着全部办结海关手续，海关不再监管

职业应用

一般进出口货物列举如表 1－8 所示：

表 1-8　　一般进出口货物列举

监管类别	实务列举
一般进口货物	天津烟酒进出口公司，进口用于国内市场销售的瓶装的葡萄酒
	出口转内销的外贸服装
	用出口商品交换进口的设备仪器
	国外参展商为参加上海工博会需要进境的小卖品
	进口国际汽车联合会赠送给上海赛车场的赛车
一般出口货物	出口国外中成药
	因展览出口，后因展出后卖给国外的展览品
	因国外承包工程需要，出口从国内购买的用于工程设备安装的机器
	国外商人因个人需要购买一批中国陶器用具

2. 一般进出口货物范围

根据海关规定属于一般进出口货物的主要有：

(1) 一般贸易的进出口货物；

(2) 转为实际进口的保税货物、暂准进境货物，转为实际出口的暂准出境货物；

(3) 易货贸易、补偿贸易进出口货物；

(4) 不批准保税的寄售代销贸易货物；

(5) 外商驻华商业机构进出口陈列用的样品；

(6) 外商在商业活动中免费提供的进口的货物。

二、一般进出口货物报关办理

一般进出口货物报关程序主要体现在货物的实际进出口阶段。对所有进出口货物报关而言，都要经过这个阶段，因此这个阶段是报关工作的基本阶段。一般进出口货物的报关程序如图 1-3 所示。

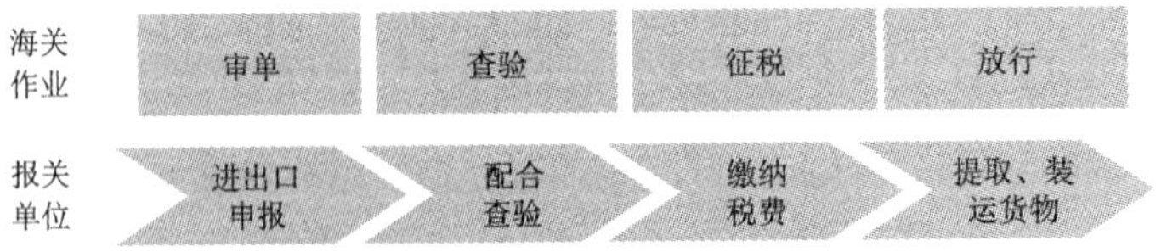

图 1-3　一般进出口货物报关程序

1. 进出口申报

申报是指进出口货物收发货人、受委托的报关企业，依照有关规定，在规定的时间、地点、采取电子数据报关单和纸质报关单的形式，向海关报告实际进出口货物的情况，并接受海关审核的行为。

（1）申报要点。海关对进出口货物的申报有严格的规定，一般进出口货物的申报的基本要点见表1－9。

表1－9　　一般进出口货物申报基本要点

申报要点		进口货物	出口货物
经营单位		进出口货物收发货人	
申报单位		经营单位或其代理人	
申报地点	一般情况	向进境地海关申报	向出境地海关申报
	转关情况	进境地或指运地海关申报	出境地或起运地海关申报
	其他情况	保税货物、暂准进口货物、特定减免税货物转为一般进口货物时，向货物所在地海关申报	
申报期限	通常情况	运输工具申报进境之日起14日内申报，逾期需要支付滞纳金；超过3个月未申报的，货物由海关提取并依法变卖[1]	货物运抵海关监管区后，装运前24小时
	特殊情况	经电缆、管道或者其他特殊方式进出境的货物采用定期申报	
申报方式[2]	电子申报	终端申报方式、委托EDI方式、自行EDI方式、网上申报方式中的任意一种	
	纸质申报	提交纸质报关单及随附单证	
申报日期		海关接受申报的日期	

备注：1. 不易长期保存的货物，根据实际情况随时处理

2. 还有一种口头申报方式，主要用于边贸，这里不作介绍

小贴士

采用先发送电子数据报关单，后递交纸质报关单申报的，申报日期为海关计算机系统接受申报的日期。如果电子报关单被退单，不能视为海关接受申报。

业务链接

转关运输货物申报有关规定

（1）转关运输货物，指在起运地以办理出口手续运往出境地，由出境地海关监管放行的货物，也指由关境内一设关地点转运到另一设关地点，应受海关监管的货物。

（2）进口转关：向进境地海关填报“进口转运货物申报单”，并交验有关证件和货运单证。申请办理属于申领进口许可证的转关运输货物，应事先向指运地海关交验进口许可证，经审核后由指运地海关核发进口转关运输货物联系单并封交申请人带交进境地海关。

空运转关运输货物的指运地与国际运单的目的地相同的，可免填“申报单”，由海关在运单上加盖“海关监管货物”印章。

（3）出口转关：应向起运地海关填报“出口货物报关单”办理货物报关纳税手续，出境地海关在货物出口后按规定向起运地海关退寄回执。

（2）滞报金。进出口货物收发货人未按规定向海关申报产生的滞报，海关按规定征收滞报金。进口货物滞报金征收以自运输工具申报进行之日起第 15 日为起始日，以海关接受申报之日为截止日（起始日和截止日均计入滞报期间），如果第 15 日为国家法定假日，则顺延至假日后第一个工作日。

滞报金的日征收金额为进口货物完税价格的 0.5‰，以人民币“元”为计收单位，不足 1 元部分免于计收。滞报金的起征点为 50 元。

滞报金额 = 进口货物完税价格 ×0.5‰ × 滞报天数

进口货物超过 3 个月未申报的，滞报金计算，以运输工具申报进境之日起第 15 天为起始日，以该 3 个月期限的最后一日为截止日。

职业应用

A 公司以总价 CIF SHANGHAI USD55000.00 进口汽车零部件，船舶于 2015 年 6 月 26 日（周五）向海关申报进境，7 月 13 日该公司向海关申报（此时 1 美元 =6.89 元人民币）。

滞报金计征起始日为运输工具申报进境之日起第 15 日，即 7 月 12 日（星期六），截止日为海关接受申报之日，即 7 月 13 日（星期一），滞报天数共计 1 天。

滞报金额 =55000×6.89×0.5‰×1 =189 元（计算结果不足 1 元的部分免收）。

（3）申报单证。在进出口货物申报过程中，需要递交证明进出口货物实际情况的单证。报关单证由报关单和随附单证两部分组成。报关单是指进出口货物报关单或者带有进出口货物报关性质的单证，其中报关单是最为重要的报关单证。随附单证是指在国际贸易过程中产生的各类单证，包括商业、运输、金融单证及海关监管规定的特殊单证。报关单证的分类见表 1－10。

表 1－10　　报关单证分类

单证类别			单证例举	说　明
报关单			进出口货物报关单	任何货物的申报必须提供
			进出口货物专用报关单[1]	
随附单证	商业单证	必备单证	进出口合同、商业发票、包装单据、运输单据等	申报时必须向海关提交的与申报货物相关的进出口商业单证

续表

单证类别			单证例举	说　明
随附单证	商业单证	预备单证	运输单据、保险单据、厂商发票、贸易发票等	
	贸易监管证件	许可证件	进出口许可证、自动许可证、两用物项和技术进出口许可证等	国家授权主管部门对符合法律、行政法规、规章要求的进出口贸易签发的各类贸易监管证件
		商检证件	出入境报检单、植物检验证明、熏蒸检验证明书等	
		其他证件	原产地证明、关税配额证明等	
	海关单证	加工贸易凭证	加工贸易手册（分册、续册、电子化手册）、通关电子账册等	货物申报前海关签发的具有约束力的单证和文书
		减免税凭证	特定减免税证明	
		暂准进出境证明	货物暂时进/出境申请批准决定书、ATA 单证册等	
		其他凭证	进口货物直接推运表、加工贸易货物内销征税联系单等	
其他单证			报关委托书/委托报关协议等	除上述单证以外海关还要求出具的其他单证/证明
			检验证明书、溢短装证明等	

备注：1. 主要是指进出口货物集中申报清单、ATA 单证册、过境货物报关单和快件报关单等

小贴士

没有特殊监管条件的进出口货物报关，在申报环节报关的当事人只需提供纸质报关单、进出口合同、商业发票、货物装箱单和运输单证即可。

实行无纸化通关申报时，所需的随附单证通过电子数据向海关传送。对于符合条件的报关企业无需发送随附单证电子数据。

职业应用

山东淄博康辉医疗设备仪器进出口公司，从德国进口一批血液透析器，康辉公司委托青岛红石国际货运代理有限公司办理货物进口事宜。货物于 2011 年 9 月 1 日到达青岛流亭国际机场。根据海关的监管要求，申报单位在进口环节需要交验入境通关证和原产地证明。其

报关的要点如表1－11所示。

表1－11 报关要点

要点	内容	要点	内容
进境申报的口岸海关	青岛机场海关4220	进境申报需要向海关交付的单证	进口货物报关单；进口贸易合同、商业发票；装箱单；航空运单；入境通关单；原产地证明
经营单位	康辉公司		
进境申报单位	红石公司		
申报方式	电子申报和纸质申报		
进境地向海关申报的最后日期	9月15日		

如果康辉公司因意外原因，未在规定期限内向海关办理进境申报手续，海关可以在12月1日以后将货物变卖，将变卖所得抵扣进口税款等相关费用。

小贴士

报关小技巧

1. 进口货物的申报人在向海关申报前，为了确定货物的品名、规格、型号等，可以向海关提交查看货物或者提取货物样品的书面申请。海关审核同意的，派员到场监管。

2. 进出口货物的收发货人或者代理人在进行进出口货物申报后，一般不得随意修改或撤销。确实有正当理由的，可以向原接受申报的海关申请修改或撤销报关单。

2. 配合查验

进出口货物的查验是由海关来执行的，作为报关方应该配合海关进行查验。

海关查验主要是为确定进出口货物收发货人向海关申报的内容是否与进出口货物的真实情况相符，或者为确定商品的归类、价格、原产地等。

查验是海关执法行为之一，海关必须依法行使查验权力。海关查验时的基本规定见表1－12。

表1－12 海关查验的基本规定

涉及的项目	内容
查验地点	一般在海关监管区内
	特殊情况，提出书面申请后，海关可以派员到监管区外实施
查验时间	海关决定查验时，书面通知收发货人或代理人，约定查验时间，一般在海关正常工作时间内

续表

涉及的项目		内　　容
查验方法	彻底查验	对每件货物查验
	随机抽查	抽取一部分货物进行查验
报关人员配合海关查验要做的工作		按照海关要求搬移货物，开拆包装以及重新封装货物
		如实回答查验人员的询问及提供必要的资料
		协助海关提取需要作进一步检验、化验或鉴定的货样
		查验结束后，阅读海关查验人员填写的“海关进出境货物查验记录单”，并签字确认

需要指出：当进出口货物有违法嫌疑，或者经海关通知查验，货主或代理人届时未到场的，海关可以实行径行开验（径行开验是指海关在进出口货物的收发货人或代理人不在场的情况下，对进出口货物进行开拆包装查验实行查验时，必须有第三人在场）。另外，在查验过程中造成货物毁损的，按谁的责任谁负责赔偿原则进行赔偿；海关责任造成的毁损由海关负责赔偿直接经济损失。

职业应用

福建某贸易公司向当地海关申报进口一批咖啡壶，货物运抵马尾海关的监管仓库等待海关放行。此时，福州海关根据情报得知该批货物有走私嫌疑，于是在没有通知货主的情况下，由仓库管理人员陪同对这批货物进行了查验。查验发现该批货物是高档音响器材。该企业以海关查验时报关员不在场为由，拒绝承认查验结果和处罚。海关解释这属于径行查验。虽然，货物的所有人不在场，但却有仓库人员陪同查验，符合径行开验的程序，所以查验结果有效，货主必须接受。

3. 缴纳税费

海关对进出口货物进行查验之后，需要核对计算机计算的税费，开具税款缴款书和收费票据。进出口货物收发货人或代理人在规定的时间内，持缴款书和收费票据向指定银行办理税费交付手续；或者在网上向指定银行进行税费的电子支付。一旦收到银行缴款成功的信息，即可报请海关办理货物放行手续。有关税费缴纳的具体知识将在后面作详细介绍。

业务链接

税款的电子支付系统缴纳作业

税款的电子支付系统是由海关作业系统、中国电子口岸系统、商业银行系统和第三方支付系统等四个部分组成的进出口环节税费缴纳的信息化系统。

报关单位的支付作业主要流程：登录“海关税费支付系统平台”查询“税费通知”；通过支付平台发送“税费支付”指令至银行；查询付款是否成功。

4. 提取或装运货物

进出口货物的收发货人或代理人凭加盖了海关放行章戳记的进口提货凭证、出口装货凭证到货物进出境地的港区、机场、车站、邮局等地的海关监管仓库办理相关提货或出运手续。

在纸质报关单通关的前提下，货主凭海关加盖“放行章”的运输单据提取货物，或者将货物装运出境。如，进口海运货物凭加盖海关“放行章”的提货单，向港区提货；航空出口货物凭加盖海关“放行章”的航空运单，将货物装运出境。

小贴士

海关放行有两种不同情况，一种是放行即结关，一般进出口货物属于这种；另一种是放行不结关，海关要继续监管，保税货物、特定减免税货物等属于这种情况。

业务链接

货物放行信息获取

放行凭证——在办理货物的电子申报、纸质交单、配合查验、缴纳税费等手续后，在海关放行窗口领取加盖“海关放行章”的放行凭证，或（及）通过电子口岸、报关现场电子信息系统等方式获取电子放行信息。

场站信息——货主到港口或场站的海关监管场所获取到海关放行指令。

【实战案例】

上海振华进出口贸易公司代理杭州新城电子机械设备有限公司于2015年11月25日（星期三）从洋山港区进口单工位的加工金属组合机床2台，并委托上海航联报关有限公司办理进口报关手续。振华公司提供的报关随附单证包括报关代理委托书/委托报关协议、贸易合同、发票、装箱单及海运提单。该组合机床的商品编码为8457.2000。

此票业务代理报关企业要代理客户办理申报、接受查验、申请海关证明联等报关业务，同时还要代理换取提货单和代理报检等业务。

报关说明：此票货物采用电子数据报关和现场纸质交单相结合的方法报关。

【案例操作】

根据上述案例，航联报关公司需要实施如下操作：

1. 接单

（1）明确代理范围。公司接单人员要与委托人确认委托事项，明确代理业务为：办理申报、接受查验、申请海关证明联等报关事项；换取提货单、代理报检等其他业务。

（2）接受单证。接受并审核委托人提供的单证：报关代理委托书/委托报关协议、贸易合同、发票、装箱单及海运提单。接受单证时需要客户提供的报关单证正确、有效，单证之间一致。

（3）查询监管条件和税率。

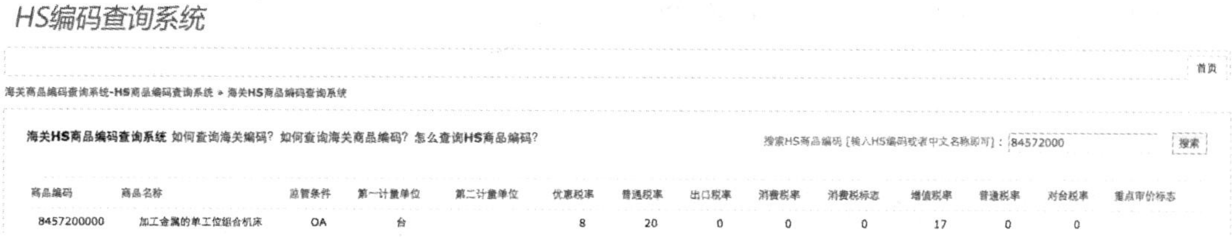

HS编码查询系统

首页

海关商品编码查询系统-HS商品编码查询系统 » 海关HS商品编码查询系统

海关HS商品编码查询系统 如何查询海关编码？如何查询海关商品编码？怎么查询HS商品编码？

搜索HS商品编码［输入HS编码或者中文名称即可］：84572000 搜索

商品编码	商品名称	监管条件	第一计量单位	第二计量单位	优惠税率	普通税率	出口税率	消费税率	消费税标志	增值税率	普通税率	对台税率	重点审价标志
8457200000	加工金属的单工位组合机床	OA	台		8	20	0	0	0	17	0	0	

通过查询编码查询系统得出：

需要的特殊单证有：O 为自动许可证；A 为入境货物通关单。进口关税为：20%，优惠关税 8%，增值税 17%。

（4）告知委托人，根据海关监管要求，该货物报关需要进口自动许可证，办理入境报检和需要缴纳的税费。

2. 换取提货单

凭客户背书的提单到船公司换取提货单。

3. 申报

（1）填制报关单。填制“出口货物报关单”草表，需要根据海关的“报关单填制规范”要求填写。

（2）根据“出口货物报关单”草表，在公司终端向海关 H2000 系统录入并发送报关单电子数据，等待 H2000 发出“现场交单”指令。

操作提示：

如果计算机逻辑校验“报关单电子数据”不通过，会接收到退单的指令，此时必须重新发送，直至通过为止。

（3）整理现场交单的报关单证。打印海关通过校验的纸质“出口货物报关单”，收集商业发票、装箱单、提货单、自动许可证等报关单证。整理单证时需要再次审核报关单与随附单证，及随附单证间的一致性（注意：客户必须提供自动许可证，并办理了报检手续）；

（4）现场交单。凭准备齐全的报关单证向海关口岸窗口现场提交纸质报关单证，并回答海关的有关询问（如果需要查验，海关会签发“查验通知书”）。

操作提示：

（1）海关当场审单完成，并无查验情况，可以直接进入缴税或货物放行环节。

（2）需要缴纳税款的需到海关领取税费缴款书，并缴纳税费。

4. 陪同查验

（1）主动向海关说明待查货物情况；

（2）搬移、开拆和重封查验货物；

（3）回答海关问题，提供必要的资料；

（4）根据需要协助海关取样；

（5）确认海关的查验记录，并在查验记录上签名。

5. 缴纳税款

（1）登录“中国电子口岸”查询税费信息；

（2）查到缴税信息后，向银行发送预扣除税款指令；

（3）查询海关业务系统，查询税款实扣信息。

操作提示：

目前，货主缴纳税费的主要方式有两种方式：一是银行柜台支付，二是电子支付。银行柜台支付时，需凭海关签发的“税款缴款书”前往指定银行缴纳税款。

6. 提取货物

（1）收到银行的税款支付完成信息后，在“中国电子口岸”平台上查询货物的放行信息；

（2）当查到海关放行信息后，到海关作业现场的放行窗口领取加盖海关放行章的放行凭证；

（3）凭“海关放行凭证”到码头提取货物。

操作提示：

我国的主要港口、堆场已实现凭电子放行指令放行货物。此时，不需要领取纸质的“海关放行凭证”。

项目三　保税加工货物报关

【项目目标】

知识目标

1. 保税加工货物海关监管要素
2. 保税加工货物范围和类别
3. 保税加工货物管理措施
4. 保证金台账管理制度
5. 保税货物管理期限
6. 保税加工货物合同备案程序
7. 保税加工货物报核程序
8. 电子化手册管理下报关程序
9. 电子账册管理下报关程序
10. 保税加工货物进出口报关程序
11. 保税加工货物的流向

能力目标

1. 分析保税加工货物海关监管要素
2. 办理保税加工贸易合同备案手续
3. 办理保税加工贸易合同报核手续
4. 办理电子化手册管理下进出口货物报关手续
5. 办理电子账册管理下进出口货物报关手续
6. 办理不同流向的保税加工货物海关手续

【专业知识】

一、保税加工货物海关监管

1. 保税加工货物海关监管概述

加工贸易是指企业进口全部或者部分原辅料件、零部件、元器件、包装材料，经过加工或者装配后，将制成品出口的贸易活动。加工贸易实际上是料件进口—国内加工（装配）—成品出口。在海关管理中，**保税加工货物是指经海关批准未办理纳税手续进境，在境内加工、装配后复运出境的货物**。保税加工货物又可称为加工贸易保税货物。保税加工货物不完全等同于加工贸易货物。因为加工贸易货物只有办理了海关手续才能保税。

小贴士

加工贸易俗称“两头在外”的贸易，即原材料、零部件等从境外进口，在境内加工装配后，成品运往境外的贸易。

保税加工货物海关监管要素，见表1－13。

表1－13 保税加工货物的海关监管要素

要点		说明
监管特征	暂缓纳税	料件进口时，暂缓缴纳进口关税和进口环节海关代征税
		成品出口时，除另有规定外无须缴纳关税
	免交许可证件	料件进口时，除国家另有规定外免予交验进口许可证明
		成品出口时，凡属于许可证件管理的，必须交验出口许可证件
	放行不结关	海关放行之后，海关对保税货物需要继续监管
监管范围	料件	专为加工、装配出口产品而从国外进口且海关予以保税的原材料、零部件、元器件、包装材料、辅助材料
	成品	用进口保税料件生产的成品、半成品
	余料	在保税加工生产过程中产生的副产品、残次品、边角料和剩余料
监管模式	物理围网	采用海关特殊监管区域进行管理
	非物理围网	采用纸质手册或计算机联网管理

业务链接

保税加工货物与一般进出口货物比较分析

项目	一般进出口货物	保税加工货物
税费征收	进出口环节缴纳应缴关税和进口环节税	料件进口暂缓缴纳关税和进口环节税，成品出口免缴出口关税。贸易合同完成后，核销进口料件
交付许可证件	在实际进出口环节提交许可证件	进口处于限制性料件的免缴许可证件，出口成品处于限制性规定的提交许可证
海关重点管理	关税、环节税、许可证件	料件进口、生产过程，成品出口全过程

2. 保税加工货物范围

根据海关规定属于保税加工的货物见表 1－14。

表 1－14　　保税加工货物范围

序号	保税货物种类	界　定	产品列举
1	料件	在加工贸易合同下，进口为加工、装配出口产品，且海关予以保税的原辅材料、零部件、元器件和包装材料等	加工服装面料、辅料、纽扣
2	制成品	用保税料件生产的成品、半成品等	加工后的保温杯
3	边角料	在加工过程中，无法再用于加工该合同项下出口制成品，且数量合理的废、碎料及脚料	加工贵金属零件产生的脚料
4	残次品	在加工过程中，有严重缺陷或达不到出口合同标准，无法复出口的成品、半成品	达不到出口标准的服装
5	副产品	在加工出口制成品的同时产生的，且合同未规定的应当复出口的其他产品	生产化工制成品时的副产品

职业应用

保税加工货物列举

(1) 为履行加工合同而进口的元器件“汽车方向盘”；

(2) 完成加工贸易合同后出口的成品“运动服装”；

(3) 在履行加工贸易项目过程中，产生的不合格产品“发动机散热风扇”；

(4) A 工厂生产的加工贸易项下成品“洗衣机定时芯片”，作为元器件转到 B 工厂生产出口“洗衣机”加工贸易项下；

(5) 在加工贸易合同下，用进口的鲜牛奶生产奶酪过程中所产生的副产品“乳清”。

3. 保税加工贸易类别

保税加工货物贸易通常有来料加工和进料加工两种形式，它们的贸易特征既有相似之处，也有一定的不同，它们之间的分析比较见表 1－15。

表 1－15　　来料加工与进料加工的分析比较

类别	界　定	联系	区　别
来料加工	由境外企业提供料件，经营企业不需要付汇进口，按照境外企业的要求进行加工装配，只收取加工费，制成品由境外企业销售	料件进口，产品出口	料件进口和产品出口是一个贸易合同；国内企业赚取加工费

续表

类别	界　定	联系	区　别
进料加工	经营企业购买料件进口，制成成品后外销出口	料件进口，产品出口	料件进口和产品出口是两个贸易合同；我国企业赚取的是原材料加工与成品销售的差价

小贴士

一般来讲，来料加工是原料进口和成品出口属于同一笔交易，原料供应者和成品接受者是同一个境外厂商。而进料加工中，原料进口和成品出口是两笔不同的交易，均发生了所有权的转移，原料供应者和成品购买者之间没有必然的联系。

二、保税加工货物的管理

1. 管理措施概述

我国对保税加工货物的管理，主要通过商务审批、备案保税、暂缓纳税、监管延伸、结关核销五个环节进行。除商务审批外，其他管理都由海关进行。我国对保税加工货物管理的具体措施，见表1－16。

表1－16　　我国对保税加工货物的管理

管理环节	要　点	具体措施
商务审批	加工贸易业务经过商务主管部门审批才能进入海关备案程序	对加工贸易企业的经营范围的审批
		加工贸易合同备案
备案保税	加工贸易合同只有经海关备案，料件和成品才能保税进出口	申领加工贸易手册（电子或纸质）或建立电子账册
暂缓纳税	料件进口免缴税费[1]，适用海关担保	执行加工贸易银行保证金台账制度
		保税加工货物不复出运，经海关批准后，补征税费
监管延伸	地点延伸	对料件加工、装配的地方进行监管
	时间延长	在料件的进境至成品的出境期间进行监管
核销结关	加工贸易合同核销	加工贸易手册报核或电子账册核销

备注：1. 国家规定专为加工出口产品而进口的料件，按实际加工复出口成品所耗用料件的数量准予免缴进口关税和进口环节增值税、消费税

小贴士

加工贸易经营企业和加工贸易加工企业是两个不同性质的企业。前者是具有对外签订加工贸易合同的经营性企业，后者主要是从事加工贸易生产的生产性企业。在加工贸易实务中，部分企业同时具备两种经营资格。

业务链接

加工贸易业务商务部门办理流程

加工贸易经营企业在与外商签订加工贸易合同后，从事加工贸易业务的经营企业和加工企业首先要到其所在地商务主管部门办理“加工贸易企业经营状况及生产能力证明”；审核通过后，经营企业办理“加工贸易业务批准证”；如果进口加工贸易项下有外商无偿提供的专用设备，一并办理“加工贸易不作价设备批准证”；如果在开展加工贸易过程中，合同内容因故发生变化或需要延期，须办理“‘加工贸易业务批准证’变更证明”或者“加工贸易不作价设备变更批准证”；如果保税料件因故要求内销，须办理“加工贸易保税进口料件内销批准证”；最后，在出口核销后30天内，须向原审批机关申请核销备案。

2. 保证金台账制度

保证金台账制度是指经营加工贸易的单位或企业凭海关核准的手续，按合同备案金额向指定银行申请设立保证金台账，加工成品在规定的期限内全部出口，经海关核销合同后，由银行核销保证金台账。保证金台账制度的全称为加工贸易银行保证金制度。

加工贸易银行保证金台账制度的核心是对不同地区、不同加工贸易企业和加工贸易涉及的进出口商品实行分类管理。

海关根据企业的资信状况对加工贸易企业实行四个类别管理，分别是：高级认证企业、一般认证企业、一般信用企业和失信企业。海关对进出口商品的种类按照禁止、限制和允许三个类别，进行分类管理。

银行保证金台账分类管理的具体内容，见表1－17。

表1－17　　银行保证金台账分类管理

<table>
<tr><th rowspan="2">台账分类管理内容</th><th rowspan="2">禁止类</th><th colspan="2">限制类</th><th colspan="2">允许类</th></tr>
<tr><th>东部</th><th>中西部</th><th>东部</th><th>中西部</th></tr>
<tr><td>高级认证企业</td><td rowspan="4">不准开展加工贸易</td><td colspan="2" rowspan="2">空转</td><td colspan="2">不设</td></tr>
<tr><td>一般认证企业</td><td colspan="2" rowspan="2">空转</td></tr>
<tr><td>一般信用企业</td><td>半实转</td><td>空转</td></tr>
<tr><td>失信企业</td><td colspan="2">实转</td><td colspan="2">实转</td></tr>
</table>

表中东部地区包含辽宁省、北京市、天津市、河北省、山东省、江苏省、上海市、浙江省、福建省、广东省。中西部地区指东部以外的中国其他地区。

小贴士

实转、半实转是指海关对手册料件收取应征进口关税及进口环节增值税税款等额的100%、50%的台账保证金。

3. 保税期限管理

从时间上讲，保税加工在进境地被提取并不是海关监管的结束，而是继续，海关一直要监管到加工装配后复运出境或者办结正式进口手续，最终核销结案为止。这里涉及到复运出境和申请核销两个期限。保税加工货物海关监管时限，见表1-18。

表1-18 保税加工货物海关监管时限

期　限	电子化手册管理下	电子账册管理下
复运出境的期限	原则上一年，特殊情况延长一年	从电子记录第一批料件进口之日起到该电子账册被撤止
申请核销的期限	手册有效期到期之日或最后一批成品出运后30天内	以180天为一个报核周期

4. 合同备案管理

加工贸易合同备案是指加工贸易企业持经过批准的加工贸易合同到主管海关备案，申请保税并领取加工贸易手册或其他准予备案凭证的行为。

企业办理加工贸易备案前需要报商务主管部门审批合同，然后进入海关合同备案的程序。海关备案程序如图1-4所示。

职业应用

外商投资企业A公司，适用于海关一般信用企业的管理。该企业对外签订了主料硅片等原材料的进口合同，计划原料于4月底进境。办理此票加工贸易合同的海关备案程序如下：

(1) 持进口合同到商务部门办理合同审批（取得商务部门进料加工批件，并填写“企业生产能力状况”由商务部门确认签章为外商投资企业，商务部门的企业资格备案已经完成。）；填写“登记手册”，将合同基本情况预录入后，持合同、批件、状况表等到主管海关备案。主管海关审核无误后，按企业合同（章程）内外销比例批注保税比例。开出“设立银行保证金台账联系单”。

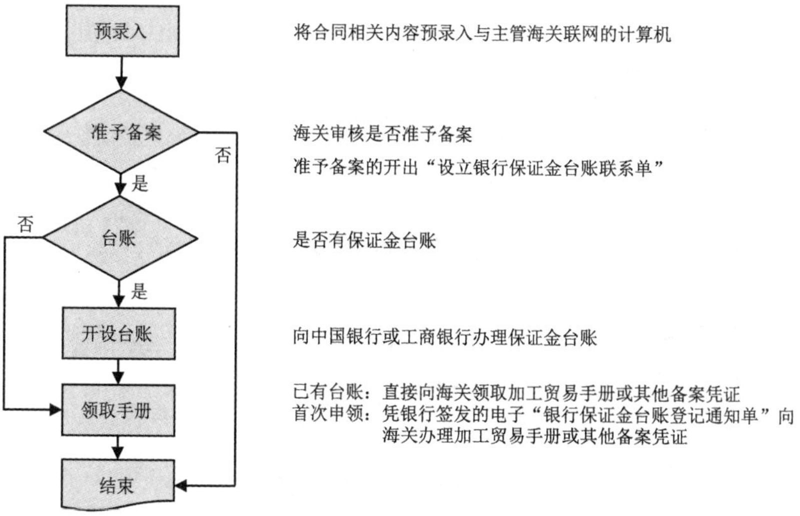

图1－4　保税加工贸易合同海关备案程序图

（2）持“联系单”到海关指定的中国银行设立台账。因空转，不付保证金。付100元手续费后取得“设立银行保证金台账通知单”。

（3）持“通知单”到海关取“登记手册”。

5. 合同报销管理

加工贸易合同报核是指加工贸易企业在加工贸易合同履行完毕或终止合同并按规定对未出口货物进行处理后，按照规定的期限和规定的程序，向加工贸易主管海关申请核销、结案的行为。

加工贸易的核销是指加工贸易单位在合同执行完毕后将“加工贸易登记手册”、“进出口专用报关单”等有效数据递交海关，由海关核查该合同项下进出口、耗料等情况，以确定征、免、退、补税的海关后续管理中的一项业务。核销分为贷款核销、坏账核销、进出口收付汇核销、加工贸易的核销等。

加工贸易合同报核时，海关不仅要确认进出数量是否平衡，还要确认成品是否由进口料件生产。数量上的报核，主要考虑加工贸易的单耗；质量上的报核，主要考虑是否存在料件的串换。

报核的步骤和经营单位的工作任务，如图1－5所示。

另外，海关规定经营单位应在规定的期限内将进口料件加工复出口，并自加工贸易手册项下最后一批成品出口之日起或者加工贸易手册到期之日30日内向海关报核。

报核时，经营单位需要提供的单证有：企业合同核销申请表、加工贸易手册、进出口货物报关单（实际进出口时的所有）、核销核算表及其他海关需要的资料等。

三、电子化手册管理下报关程序

1. 电子化手册管理

电子化手册管理是以企业的单个加工贸易合同为单元实施对保税加工货物的监管，但不

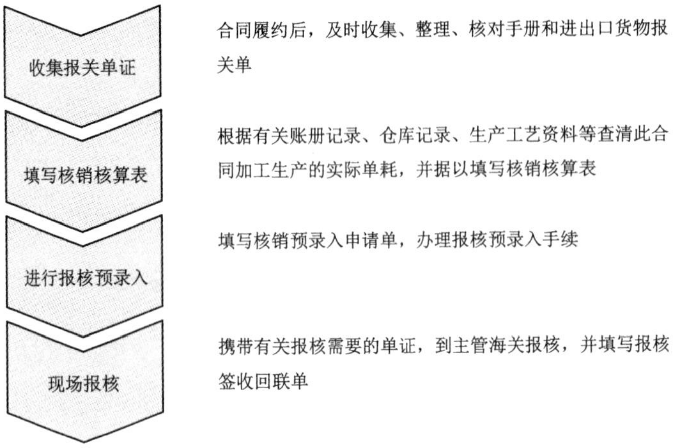

图 1－5　保税加工货物报核程序

再使用纸质手册。

海关根据贸易合同（订单）建立电子底账，企业根据合同（订单）数量建立多本电子化手册，通过网络向商务部门和海关办理加工贸易货物进出口的审批、备案、核销等手续。

企业在申领电子化手册前，需向海关申报备案资料库数据，经海关审核通过后，在备案资料库备案的料件、成品范围内备案电子化手册。企业凭电子化手册号码和电子口岸身份认证卡进行备案、变更、核销和进出口通关申报。

加工企业需委托代理单位办理电子化手册项下货物报关手续的，须对代理单位进行操作授权。

2. 报关程序

电子化手册管理下进出口保税货物报关程序的基本内容，见表 1－19。

表 1－19　　电子化手册的报关程序的基本内容

步骤	具体内容		任务或形式
备案	备案形式[1]	按合同常规备案	利用企业计算机通过电子口岸的联网管理平台向海关进行备案
		分段式备案[2]	合同备案：将合同基本信息及拟进出口货物的信息向海关备案
			通关备案：将拟进口的具体料件、出口的成品及准确的单耗信息备案
	备案主要内容		进口料件和出口成品的 HS 编码、名称、规格、计量单位、单价、数量等
进出口报关	进出境货物报关	报关清单生成	企业从系统导出出料号级数据生成归并前的报关清单或电子手册系统，按规定录入当次进出口的料级号清单数据
		报关单生成	海关数据系统将企业申报清单归并后生成报关单
			企业从系统导出报关单，填完其他内容后，生成报关单
		进出口报关	与一般进出口货物报关程序基本相同，但可以免交许可证件、暂缓纳税

续表

步骤	具体内容	任务或形式
	深加工结转货物报关	见后续内容
报核和核销	报核	企业通过电子口岸数据中心向海关传送报核表的相关数据信息
	核销	海关对电子化手册数据进行核算，与海关的底账核对
	结案	海关对通过核销核算的手册准予结案，并打印结案通知书交付企业

备注：1. 备案的形式可以按合同常规备案，也可以是分段式备案
2. 通关备案的数据建立在合同备案的基础上
3. 特殊要求除外

四、电子账册管理下报关程序

1. 电子账册管理

电子账册管理是加工贸易企业在实施联网管理中，海关以加工贸易企业的整体加工业务为单元对保税加工货物实施监管的一种模式。

小贴士

海关对加工贸易企业实施联网管理是指加工贸易企业通过数据交换平台或者其他计算机网络方式向海关报送能满足海关监管要求的物流、生产经营等数据，海关对数据进行核对、核算，并结合实物进行核查的一种海关保税加工贸易监管方式。

海关为联网企业建立电子底账，联网企业只设立一个电子账册。根据联网企业的生产情况和海关监管需要确定核销周期，并按照该核销周期对实行电子账册管理的联网企业进行核销。

业务链接

电子账册模式的特点

电子账册模式的适用对象是加工贸易进出口比较频繁、企业规模比较大，原材料和产品较为复杂、管理信息化程度较高的大型加工贸易企业。

电子账册模式管理的基本原则是“一次审批、分段备案、滚动核销、控制周转、联网核查”。

2. 电子账册的建立

联网企业凭商务主管部门签发的“联网监管企业加工贸易业务批准证”向所在地主管海关申请电子账册。电子账册包括加工贸易“经营范围电子账册”和“便捷通关电子账册”。电子账册的作用，见表1－20。

表1－20　　电子账册的作用

账册名称	作　用	账册编号
经营范围电子账册（IT账册）	检查控制“便捷通关电子账册”进出口范围	12位
便捷通关电子账册（E账册）	主要用于加工贸易货物的备案、通关和核销	12位

业务链接

电子账册中的商品归并

（1）商品归并关系。商品归并关系是指海关与联网企业根据监管的需要按中文品名、HS编码、价格、贸易管制等条件，将联网企业内部管理的“料号级”商品与电子账册备案的“项号级”商品归并或拆分，建立“一对多”或“多对一”的对应关系。

（2）商品归并关系的确立实例。

“料号级”商品（企业内部）	“项号级”商品（电子账册备案的内容）
A_1 实木写字台	实木家具
A_2 实木床头柜	
……	……

3. 报关程序

电子账册管理下的保税加工货物报关程序由电子账册备案、进出口报关、报核和核销三大步骤完成。电子账册报关程序的基本内容，见表1－21。

表1－21　　电子账册报关程序的基本内容

步骤	具体内容	任务或形式
备案	经营单位电子账册	凭商务部门的批准证通过网络向海关办理备案手续，备案内容：经营单位名称及代码、加工单位名称及代码、批准证编号、加工生产能力、进口料件和成品出境范围
	便捷通关电子手册	在“经营单位电子账册”备案的基础上，通过网络向海关办理备案手续。备案内容：企业基本情况表、料件、成品信息、单耗关系等

续表

步骤	具体内容		任务或形式
进出口报关	进出境货物报关	报关清单生成	企业使用“便捷通关电子手册”办理报关手续，从系统导出出料号级数据，生成归并前的报关清单，发送到电子口岸
		报关单生成	电子口岸将报关清单归并拆分成报关单，发回企业
			企业填制报关单，向海关发送
		进出口报关	无纸报关：海关凭同时盖有经营企业和报关单位提货专用章的“无纸查验/放行通知书”，办理“放行”手续。 报关单位事后办理纸质单证的“事后交单[1]”事宜
			有纸报关：与保税货物报关手续相同
	深加工结转货物报关		见后续内容
报核和核销	报核		企业通过电子口岸数据中心向海关传送报核表的相关数据信息
	核销		海关对电子化手册数据进行核算，与海关的底账核对
	结案		海关对通过核销核算的手册准予结案，并打印结案通知书交付企业

备注：1. 企业接收到“无纸查验/放行通知书”后10天内备齐全套报关单证资料向业务现场办理事后交单手续，海关办理签章批注

4. 保税货物深加工结转

保税货物深加工结转是指加工贸易企业将保税进口料件加工的产品转至另一加工贸易企业，进一步加工后复出口的经营活动。保税货物深加工结转步骤。见表1－22。

表1－22　　保税货物深加工结转步骤

步骤	完成业务
计划备案	转出企业填写“结转申请表”[1]（一式四份），并向转出地海关备案
	转入企业在结转申请表上填制本企业内容后，向转入地海关办理报备手续
	转入地海关审核后，核发申请表
收发货登记	转出、转入企业在每批次货物收发货记录时，应当在“实际结转情况登记表”[2]上进行如实登记
结转报关[3]	转入企业凭申请表、登记表等单证向转出地海关办理转结进口手续
	转出企业接到转入企业通知[4]后，向转出地海关办理转结出口手续

备注：1. 中华人民共和国加工贸易保税货物深加工结转申请表

2. 保税货物实际结转情况登记表

3. 一份转入报关单对应一份转出报关单，两份报关单之间对应的申报序号、商品编号、价格、数量、手册号等内容应当一致

4. 自接到转入企业通知之日起10日内

5. 保税货物的其他流向

保税货物除了按正常情况复运出境之外，还有可能由于各种原因而导致其他情况出现，保税货物的最终流向分析，见表 1－23。

表 1－23　　保税货物的最终流向分析

流向	处　置
内销	经批准允许转内销的保税加工货物属进口许可证件管理的，企业按规定向海关补交进口许可证件，补税补息
放弃	对于海关允许放弃的货物，企业应当递交书面申请，海关准予放弃时开具加工贸易企业放弃加工贸易货物交接单
退运	保税加工企业应持手册等有关单证向口岸海关办理出口手续，留存有关报关单证，以备报核
销毁	加工贸易企业向海关提出销毁申请，海关经核实同意销毁的，由企业按规定销毁，必要时海关可以派员监督销毁。销毁后，企业应当收取有关部门出具的销毁证明材料，以备报核
受灾	因不可抗拒力量造成且已完全失去使用价值，由海关审定，可以予以免税
	因不可抗拒力量造成虽已失去原有使用价值但可再利用的，按海关审定的受灾货物价格，根据对应税率，企业缴纳税收和缓税利息
	非不可抗拒力量造成的，补税补息补证

业务链接

电子账册与电子化手册的相同点与区别

相同之处是二者都是联网的电子化管理。不同之处，一是电子账册管理下，一个企业不管签订多少合同只建立一个账册，所有进出口核销全部在这一个账册里面体现，账册只有企业不再经营加工贸易业务了才会被撤销；而电子化手册管理与纸质手册相同，以单个贸易合同为单位，一个加工贸易合同建立一个电子化手册，合同执行完毕，对应的手册就会被撤销掉。二是电子账册是针对信誉度比较高，进出口量比较大，管理比较规范的大型企业，而电子化手册是针对一般的企业。

【实战案例】

富康电子（江苏）技术有限公司是专营进料加工集成块的外商投资企业（一般信用企

业）。该企业于2015年3月份对外签订了一份主料为多晶硅片（HS编码：2804619019）和辅料为三氯氧磷（HS编码：2812102000）等原材料的进口合同，按企业合同（章程）加工集成块（数据处理设备用主机板，HS编码：84718000）外销，境外的原料交货期为次年4月底。在实际执行过程中，料件分别与2015年5月和6月进境，成品与2016年3月分两批出口。

【案例操作】

作为富康公司的报关员，完成这个进料加工业务，需要做如下工作：

1. 关务分析

（1）进口料件海关监管条件查询。

①多晶硅片（HS编码：2804619019）进口无监管证件，属于非限制类进口货物；

②三氯氧磷（HS编码：2812102000）进口监管证件："两用物项和技术进口许可证"，属于限制进口货物且为能够制造化学武器的化工原材料，需要申领商务部的"进口许可证"；

③数据处理设备用主机板（HS编码：84718000）出口无监管证件，属于非限制类出口货物，出口不需许可证件。

（2）富康公司系一般信用企业，因主料硅片等材料并非限制商品类，所以需设银行保证金台账，但只是"空转"。而三氯氧磷属于限制进口类产品，企业在东部地区，因此银行保证金台账需要"半实转"。

2. 关务操作

按照海关无纸化通关作业的流程，进行关务操作：

（1）加工贸易合同审批。

①网上申报。在网上向商务主管部门申报电子数据，填写"加工贸易业务批准证申请表"、"进出口料件单耗清单"、"加工企业生产能力证明"等表格，审核表格内容，并进行电子申报。

②书面资料提交。打印上述表格资质单证，并加盖公章；持上述表格和"加工贸易合同"、企业经营资质证明和营业执照等在现场申报。

③取得商务部门批准证书。

（2）设立加工贸易电子化手册。

①备案资料库的备案。进入"中国电子口岸"的"电子化手册"预录入系统；分别填写企业基本信息、料件表和成品表；点击"申报"按钮，向海关申报；接收海关审核通过信息。

②通关手册备案。在备案资料库海关审核通过后，进入"通关手册备案"预录入系统；填写通关手册从基本信息（有些信息系统会自动弹出），根据业务项目对信息内容进行修改或新增并暂存；根据业务项目具体情况对料件表、成品表（进入料件表和成品表时会自动弹出备案资料库内容）内容进行修改并暂存；填写单损耗表并暂存；审核表格内容并点击

“申报”按钮申报；接收海关审核通过信息。

操作提示：

备案资料库备案是企业开始经营加工贸易业务前办理，通关手册备案是某一个加工贸易合同项的备案。

（3）通关操作。

①料件进口申报。按进口料件的批次逐批申报，按照报关单规范填制报关单数据。多硅晶片进口可以采取无纸化通关模式，在报关单数据电子申报的同时，上传随附单证的电子数据。三氯氧磷的报关需要采取电子数据申报，同时，需要进行现场交单；确认公司设立了保证金银行台账后，等待海关的放行指令。

②成品出口申报。申报方式与料件报关相似。

（4）手册报核。进入“中国电子口岸”的“电子化手册”系统；点击“数据报核”输入报核的手册号，调出手册基本信息表，录入相应数据（主要数据：进口金额、出口金额、进口报关单份数、出口报关单份数、报核料件项数、报核成品项数等）；分别录入报关单、料件表、成品表、单损表相应数据；审核填报数据无误后，点击“申报”；等待接收海关核销指令。

操作提示：

关务人员必须在5月份前或者最后一批成品出口的30天内向海关申请办理报核手续。

项目四 保税物流货物报关

【项目目标】

知识目标

1. 保税物流货物海关监管特征
2. 保税物流货物的主要管理模式
3. 不同监管区保税物流货物要点
4. 保税仓库货物报关
5. 出口监管仓库货物报关

能力目标
1. 分析不同监管模式下海关监管的区别
2. 分析保税物流货物在不同监管区的管理措施
3. 办理进出保税仓库货物报关手续
4. 办理进入出口监管仓库货物报关手续

【专业知识】

一、保税物流货物类型

1. 保税物流货物海关监管特征

保税物流货物是指经海关批准未办理纳税手续进境，在境内进行分拨、配送或储存后复运出境的货物。保税物流货物也称作保税仓储货物。已办结海关出口手续尚未离境，经海关批准存放在海关保税监管场所或特殊监管区域的货物，也带有保税物流货物的性质。

保税物流货物海关监管特征，见表1－24。

表1－24　保税物流货物海关监管特征

特征	说　明
暂缓纳税	进境时暂缓缴纳进口关税及进口环节海关代征税，复运出境免税，内销应当缴纳进口关税及进口环节海关代征税，不征收缓税利息
免许可证件	除国家另有规定外，进出境免予交验进出口许可证件
保税监管	进境海关现场放行不是结关，进境后必须进入海关保税监管场所或特殊监管区域，离开这些场所或区域必须办理结关手续

小贴士

保税物流货物与保税加工货物的区别是：保税加工就是用暂缓纳税的进口原材料和零部件加工成品卖到国外去；保税物流则是将进口或出口的货物（不缴纳进出口税费）进行储存，等确定实际流向后，再办理出口或进口手续。

2. 保税物流货物类型

保税物流货物的主要类型，见表1－25。

表 1－25 保税物流货物的主要类型

类型	界 定	实务列举
转口货物	进境经海关批准进入海关保税监管场所或特殊监管区域，保税储存后转口境外的货物	境外运往保税区暂存，待日后运往第三国的货物
出口监管货物	已经办理出口报关手续尚未离境，经海关批准进入海关保税监管场所或特殊监管区域储存的货物	办结出口报关手续，等待出运货物
保税加工货物	经海关批准进入海关保税监管场所或特殊监管区域保税储存的加工贸易货物	暂存于海关监管仓库，用于加工贸易进口料件
暂存货物	供应国际航行船舶和航空器的油料、物料和维修用零部件，供维修外国产品所进口寄售的零配件，外商进境暂存货物	国外航空公司储存的用于在我国境内维修基地飞机的部件
其他保税货物	经海关批准进入海关保税监管场所或特殊监管区域保税的其他未办结海关手续的进境货物	未办结进口手续的进口仪器

职业应用

分析下列保税物流货物的类型：

(1) 存放于东航保税仓库的一批已经完成报关，等待出运的电子产品属于出口监管货物；

(2) 存放于码头堆场，海关未放行的进口汽车属于其他保税货物；

(3) 马斯基轮船公司存放于青岛港区的船用缆绳属于暂存海关监管货物；

(4) 因国际海运船舶满舱而滞留于港区的出口集装箱属于出口监管货物；

(5) 在加工贸易合同项下，进口用于装配成品的，且存放于上海外高桥保税区某仓库的电子器件属于保税加工货物；

(6) 香港某汽车销售公司，将产于日本的50辆轿车运至上海洋山深水港保税区，并存放于奥实货物堆场。该公司经日后销售，将转运至越南吴志明市销售给越南公司的货物属于转口货物。

二、保税物流货物的管理

海关对保税物流货物的监管有物理围网和非物理围网两种模式。是指每种模式下，又有多种形式其各种形式的海关管理特征，见表 1－26。

表 1-26　　海关对保税物流货物的管理模式

监管模式	形式	定　义	举例或说明
非物理围网	保税仓库[1]	经海关批准设立的专门存放保税货物及其他未办结海关手续货物的仓库	对外开放的公用型保税货物仓库和保税堆场
	出口监管仓库	经海关批准设立，对已办结海关出口手续的货物进行存储、保税物流配送、提供流通性增值服务的海关专用监管仓库	存储一般进出口货物的仓库
			存储加工贸易出口货物的仓库
			存放为拼装出口成品的零件仓库
物理围网	保税物流中心	封闭的海关监管区域，专门从事保税仓储物流业务的海关监管场所，并且具备口岸功能	A 型保税物流中心，由境内企业法人经营
			B 型保税物流中心，由中国境内一家企业法人经营，多家企业进入，海关集中监管
	保税物流园区	经国务院批准，在保税区规划面积或者毗邻保税区的特定港区内设立的、专门发展现代国际物流业的海关特殊监管区域	存储进出口货物及其他未办结海关手续的货物
			用于境外商品展示
	保税区	经海关批准，允许外国货物不办理进出口手续即可连续长期储存的区域	存储保税货物的仓储 出口加工工厂
	保税港区	具有口岸、物流、加工等功能的海关特殊监管区域	上海洋山保税港区具有保税仓储、物流配送、国际货物中转等功能
			天津东疆保税港区具有出口加工区、保税物流园区等功能

备注：1. 保税仓库是应用最为广泛的一种保税形式

业务链接

我国主要的综合保税区域

保税区是我国改革开放过程中出现的新生事物，是我国借鉴国际上通行自由贸易区的做法，并在结合我国国情的基础上形成的经济开放区域。在此区域内，从境外运入的货物就其关税和其他关税而言被视作境外，免于海关监管，并给予该区域特殊的关税和优惠政策。我国建设和发展保税区的根本目的就是要形成良好的投资环境，利用保税区内海关保税的独特条件发展对外经济。

目前，全国共批准设立16个保税区，他们是上海浦东新区的外高桥保税区、天津港保税区、深圳沙头保税区、深圳福田保税区、大连保税区、广州保税区、张家港保税区、海口保税区、厦门象屿保税区、福州保税区、宁波保税区、青岛保税区、汕头保税区、深圳盐田港保税区、珠海保税区、重庆寸滩保税区等。

不同海关监管区中海关对保税物流货物的监督要点见表1-27。

表1-27　　不同监管区保税物流货物监督要点

名称	存货范围	储存期限	服务功能	审批权限	入区退税	备注
保税仓库	进口	1年+1年[1]	储存	直属海关	否	
出口监管仓库	出口	半年+半年	储存/出口配送/国内结转	直属海关	否[2]	退换货物先入后出
保税物流中心	进出口	2年+1年	储存/全球采购配送/国内结转/转口/中转[3]	国务院	是	
保税物流园区	进出口	无期限	储存/国际转口贸易/全球采购配送/中转/展示	国务院	是	按年报核
保税区	进出口	无期限	物流园区功能+维修/加工	国务院	否	离境退税
保税港区	进出口	无期限	保税区功能+港口功能	国务院	是	

备注：1. “+1年”是指经海关批准可以延长一年，以下相同

2. 经批准享受入仓即退税政策的除外

3. 保税物流中心的经营者不得开展物流业务

职业应用

四川A企业产品出口给东莞Q加工型企业作为进口料件。原来要出口到香港然后再通过香港拖车运给工厂，现在委托某物流公司通过铁路内河—海洋联运专线运到深圳，出口至盐田物流园，内地企业实现了出口退税。然后由物流园进口清关或转关给深圳东莞加工企业。实现境外交易，境内交货，大大降低生产企业物流成本并且使复杂的进出口问题得到简化。

三、保税仓库货物的报关

1. 保税仓库

保税仓库是指经海关批准设立的专门存放保税货物及其他未办理海关手续货物的仓库。我国的保税仓库主要有公用型和自用型两种，其特征见表1-28。

表 1－28 保税仓库类型和特征

<table>
<tr><th>种类</th><th>界 定</th><th>储存的货物</th></tr>
<tr><td>公用型保税仓库</td><td>由主营仓库业务的中国境内独立企业法人经营，专门向社会提供保税仓储服务</td><td rowspan="2">加工贸易进口货物
转口货物
供应国际运输器的燃料和零部件
寄存维修国外产品的零部件
未办结海关手续的一般进口货物
外商进境暂存货物</td></tr>
<tr><td>自用型保税仓库</td><td>由特定的中国境内独立企业法人经营，仅存储供本企业自用的保税货物</td></tr>
</table>

职业应用

下列货物可以存储于保税仓库：

（1）加工贸易项下，用于加工出口手机的芯片；

（2）国外航空公司为维修国际航班的飞机用的零件；

（3）为满足我国市场上进口轿车维修需要而储备的汽车零部件；

（4）逾期未向海关申报的进口货物。

2. 报关要点

保税仓库货物进出仓库的报关除按货物的海关监管性质办理必要的报关手续外，在进仓或出仓时也必须办理必要的海关手续，保税仓库的报关要点见表 1－29。

表 1－29 保税仓库的报关要点

<table>
<tr><th colspan="2">货物流向</th><th>是否跨关区入境</th><th>报 关 要 点</th></tr>
<tr><td colspan="2" rowspan="3">进仓</td><td rowspan="2">跨关区入境</td><td>按“提前报关转关”方式，先到仓库主管海关申报，再到口岸海关办理转关手续，货物到达仓库后海关验放入库</td></tr>
<tr><td>按“直接转关”方式，先到口岸海关办理转关，货到仓库后向主管海关申报，验放入库</td></tr>
<tr><td>同关区入境</td><td>在口岸海关办理报关手续，海关放行后，企业自行提货入库</td></tr>
<tr><td rowspan="5">出仓</td><td rowspan="2">复运出境</td><td>跨关区入境</td><td>按转关运输方式办理出仓手续</td></tr>
<tr><td>同关区入境</td><td>经海关批准，可由企业自行提取货物出仓，到口岸海关办理出口报关手续</td></tr>
<tr><td rowspan="3">转为进口</td><td>用于加工贸易</td><td>由加工贸易企业按保税加工货物报关程序办理进口报关手续</td></tr>
<tr><td>转为特定减免税货物</td><td>由享受特定减免税企业按特定减免税货物报关程序办理进口报关手续</td></tr>
<tr><td>转内销</td><td>由保税仓库经营者按一般进口货物的报关程序办理进口报关手续</td></tr>
</table>

续表

货物流向		是否跨关区入境	报关要点
出仓	转为进口	仓内的寄售维修零配件申请保修期内免费出仓	由保税仓库经营者办理货物进口手续[1]
			免税出仓维修件在保修期内，但不得超过原设备进口之日起3年
流转		流向其他监管场所	按转关运输方式的有关规定办理，属于同一关区的，经批准可以不按转关运输方式办理
		保税仓库间流转	进仓仓库先办理进口报关，出仓仓库后办理出口报关

注：1. 进口报关单的“贸易方式”栏填报“无代价抵押货物”

需要注意的是：在进仓报关时，除特殊情况外，进境入仓报关可以免交许可证件。在出仓报关时，经常会有同时需要出口报关和进口报关两种情况，必须要分别填制出口报关单和进口报关单。另外，出仓报关可以是逐一报关，也可以集中报关。

职业应用

国内某专营出口加工的电子仪器制造厂，其生产所需的元器件来自美国、日本、英国、法国、德国、新加坡等6个国家的20个供货商。料件进口的工作不但复杂，而且工作量极大，加上通关等原因，常造成生产线停工等现象。自从将元器件配送中心设在保税区内的保税仓库后，按照保税仓库货物进出口报关，通关的工作量大大降低，时间上也得到了保证。

四、出口监管仓库货物的报关

1. 出口监管仓库

出口监管仓库是指经海关批准设立，对已经办结海关出口手续的货物进行存储、保税物流配送，提供流通性增值服务的海关专用监管仓库。分为出口配送型仓库和国内结转型仓库。出境监管仓库的类型和特征见表1－30。

表1－30　出口监管仓库的类型和特征

种类	界定	储存的货物
出口配送型	存储以实际离境为目的的出口货物的仓库	办结海关手续等待出运的一般出口货物和加工贸易货物
国内接转型	存储用于国内结转的出口货物的仓库	从其他海关特殊监管区转入出口货物

2. 报关要点

出口监管仓库是海关监管仓库的一种常见形式，其进出仓库货物的报关要点见表1－31。

表 1－31 进出出口监管仓库货物报关要点

货物流向	方式		报关要点
进仓	出口货物进仓		货主除办理出口货物一切海关手续外，还需填制和向海关提交“出口监管仓库货物入仓清单”
	享受入仓即退税政策货物进仓		办结出口和入库海关手续后，随即签发“出口报关单退税证明联”
出仓	出口		仓库经营者向海关提交报关单证，并填写和向海关提交“出口监管仓库出仓清单”
	进口	用于加工贸易	由加工贸易企业按保税加工货物报关程序办理进口报关手续
		用于特定减免税	由享受特定减免税企业按特定减免税货物报关程序办理进口报关手续
		转内销	由货主按一般进口货物的报关程序办理进口报关手续
结转	与其他特殊监管区之间		按转关运输方式的有关规定办理

【实战案例】

天津璨升国际物流公司为注册在天津港保税区专门经营保税仓库的物流企业。该公司接受某贸易公司的委托，办理一批从新港港区进口的医用低温冷藏柜保税仓库入库通关业务。

【案例操作】

作为璨升物流公司的关务人员需要办理如下通关手续（无纸化通关作业模式）：

（1）收集客户资料。要求贸易公司提供出口货物报关单、进口货物发票、装箱单、提货单、保税仓储合同和存仓委托书等。

（2）预录入报关单、上传发票、装箱单、提货单保税仓储合同、存仓委托书等资料。

（3）接受海关审核查验（无查验可以省略）。

（4）接受海关放行信息。

（5）通知仓库办理入库手续。

模块二 进出口税费计算

项目一 进出口税费概述

【项目目标】

知识目标

1. 进出口税费含义及种类
2. 进出口关税的种类
3. 进出口关税计征方法
4. 进口环节代征税种类
5. 进出口环节代征税计征方法
6. 税款滞纳金的计征规定及计算方法

能力目标

1. 分析海关征收的进出口税费种类
2. 分析进出口关税和进口代征税的计征方法
3. 计算税款滞纳金征收天数及滞纳金额

【专业知识】

一、进出口税费概述

1. 进出口税费含义

进出口税费是指进出境货物在进出口环节中由海关依法征收的关税、增值税、消费税、

滞报金、滞纳金、保证金等税费。

本教材主要介绍进出口货物的有关税费，而运输工具的征税和个人物品的进口税在此不作介绍了。

小贴士

进出口税费征收的法律依据主要是《海关法》、《进出口关税条例》以及其他有关法律和行政法规。

2. 进出口税种类

进出口货物的税主要有进出口关税、进口附加税和进口环节海关代征税三大类。进出口环节各类税的主要种类，见表 2－1。

表 2－1　　进出口环节各类税的分类

大　类	税　　种	实务例举
关税正税	进口关税	进口电暖毯 10000 条，每条进口的完税价格为人民币 75 元，商品编码为 6301 1000，最惠国税率 16%，进口商品需缴纳的关税额为 120000 元人民币
	出口关税	出口硅锰铁 100 吨，价格为 3000 元/吨，商品编码为 7202 3000，出口税率 20%，出口税为 60000 元人民币
进口附加税	反倾销税	2015 年 5 月 22 日起对进口原产于日本和美国的光纤预制棒实施临时反倾销措施
	反补贴税	
	保障措施关税	很少运用
	报复性关税	
进口环节海关代征税	增 值 税	进口电暖毯 10000 条，每条进口的完税价格为人民币 75 元，商品编码为 6301 1000，增值税税率 17%，进口的增值税为 127500 元人民币
	消 费 税	进口重柴油 10000 吨，商品编码为 2710 1929 20，消费税为每公升人民币 0.10 元，进口的消费税为 1000000 元人民币

由于进口附加税属于国家的贸易救济措施，本教材不作介绍，而进出口关税和进口环节海关代征税为学习的重点。

小贴士

海关对进出口货物征税的依据是该商品的HS编码（也称商品编码）。即先根据商品的性质依据税则归类原则归入一个商品编码，而后依据商品的编码和原产地确定其税率。

二、进出口关税

进出口关税是国家税收的重要组成部分，是由海关代表国家按照国务院制定的关税政策和有关法律、行政法规的规定，对准许进出境的货物向进出口货物的收发货人（纳税义务人）征收的一种流转税。

小贴士

流转税又称流转课税、流通税，指以纳税人商品生产、流通环节的流转额或者数量，以及非商品交易的营业额为征税对象的一类税收。关税、消费税、增值税均属于流转税。

1. 关税计征方法

关税计征的方法主要有从价税、从量税、复合税、滑准税等四种，各种计征方法具体的计征规则和适用范围，见表2－2。

表2－2　进出口关税的计征规则和适用范围

计征方式	计征规则	适用范围
从价税	以货物的价格作为计税标准	为主要计征方式
从量税	以货物的计量单位（如重量、数量、容量等）作为计税标准	原油、啤酒、胶卷、冻鸡
复合税	在《进出口税则》中，一个税目中的商品同时使用从价、从量两种标准计税，计税时按两者之和作为应征税额征收的关税	录像机、放像机、摄像机、非家用型摄录一体机、部分数字照相机
滑准税	按产品的价格高低分档制定若干不同的税率，当进口商品价格上涨时采用低税率，当进口商品价格下跌时采用高税率	用于稳定国内商品的价格 如：棉花（税号：5201 0000）

2. 进出口关税种类

进出口关税分类及其含义、计征方法详见表 2－3。

表 2－3　　进出口关税分类

税种		含义	计征方法
关税正税	进口关税	进口关税是指海关以进境货物为课税对象所征收的关税	从价税、从量税、复合税、滑准税
	出口关税	出口关税是指海关以出境货物为课税对象所征收的关税	从价税
进口附加税		国家由于特定需要对进口货物除征收正税之外另行征收的一种临时性进口税	按有关法规规定计征

小贴士

海关只是对实际进境货物征收进口关税以及代征税，对实际出境货物征收出口关税，征收进口关税或出口关税时，主要采用的计征方法是从价税。

职业应用

案例	计税方法	关税（人民币：元）	增值税（人民币：元）	消费税（人民币：元）
从德国进口排量为 1.6 的奔驰轿车 20 辆，计税价格为 2400000 元人民币，关税税率 25%，增值税税率 17%，消费税税率 5%	从价税	600000	51000	152550
从俄罗斯进口原油 20000 吨，计税价格为 3000 元人民币/吨，关税税率 6%，增值税税率 17%，消费税为人民币 0.10 元/公升（重量和公升的比例是 1000 公斤 / 1176 公升）	从价税（关税和增值税）从量税（消费税）	3600000	10812000	2352000
进口香烟 100 箱每箱 50 条，计税价格为 200000 人民币，进口关税税率 65%，另外每 250 条加征 1500 元	复合进口关税	160000	——	——

（1）关税 $=2400000\times25\%=60000$

增值税 $=(2400000+600000)\times17\%=51000$

消费税 $=(2400000+60000+51000)\times5\%=152550$

（2）关税 $=(3000\times20000)\times6\%=3600000$

增值税 $=(3000\times20000+3600000)\times17\%=10812000$

消费税 $=20000000\times1.176\times0.1=2352000$

（3）复合进口关税 $=200000\times65\%+(100\times50/250\times1500)=160000$

三、进口环节海关代征税

进口环节海关代征税，主要有增值税和消费税两种，其含义和计征方法见表 2－4。

表 2－4　　主要进口环节海关代征税

税种	含　义	计征方法
增值税	以商品的生产、流通和劳务服务各个环节所创造的新增价值为课税对象的一种流转税	从价计税
消费税	以消费品或消费行为的流转额作为课税对象而征收的一种流转税	从价计税 从量计税 复合计税

小贴士

海关只对进口货物在进口环节代为征收增值税和消费税，其他环节的增值税和消费税由税务机关征收。

职业应用

不同监管方式下进出口货物与征收关税关系归纳，见表 2－5。

表 2－5　　不同监管方式下进出口货物与征收关税关系归纳

监管方式		征收税费归纳
一般进出口货物	进口货物	征收进口关税和代征税
	出口货物	征收出口关税
保税货物	保税加工货物	进口料件或其制成品，经批准不复运出境的，征收进口关税和代征税
	保税物流货物	经批准不复运出境、转入国内市场销售的，征收进口关税和代征税

续表

监管方式		征收税费归纳
特定减免税货物		经批准转让或者出售的，按规定征收进口关税和代征税
暂准进出口货物	暂时进境货物	经批准不复运出境的，征收进口关税和代征税
	暂时出境货物	经批准不复运进境的，征收出口关税

业务链接

增值税和消费税的征收范围

（1）增值税的征收范围。在我国境内销售货物（销售不动产或免征的除外）或提供加工、修理修配劳务以及进口货物的单位和个人，都要依法缴纳增值税。

我国增值税的征收原则是中性、简便、规范，采取基本税率再加一档低税率的征收模式。

适用基本税率（17%）的范围包括：纳税人销售或者进口除适用低税率的货物以外的货物，以及提供加工、修理修配劳务。

适用低税率（13%）的范围是指纳税人销售或者进口下列货物：

①粮食、食用植物油；

②自来水、暖气、冷气、热水、煤气、石油液化气、天然气、沼气、居民用煤炭制品；

③图书、报纸、杂志；

④饲料、化肥、农药、农机、农膜；

⑤国务院规定的其他货物。

（2）消费税的征收范围。消费税的征收范围，仅限于少数消费品。应税消费品大体分为以下四种类型：

①一些过度消费会对人的身体健康、社会秩序、生态环境等方面造成危害的特殊消费品，如烟、酒、酒精、鞭炮、焰火等；

②奢侈品、非生活必需品，如贵重首饰及珠宝玉器、化妆品等；

③高能耗的高档消费品，如小轿车、摩托车、汽车轮胎等；

④不可再生和替代的资源类消费品，如汽油、柴油等。

四、税款滞纳金

1. 征收规定

对海关征收的进出口关税、进口环节增值税和消费税等，进出口货物的纳税义务人或其代理人，应当自海关填发税款缴款书之日起 15 日内向指定银行缴纳税款。如逾期缴纳税款的，由海关自缴款期限届满之日起至缴清税款之日止，按日加收滞纳税款 0.5‰的滞纳金。纳税义务人应当自海关填发滞纳金缴款书之日起 15 日内向指定银行缴纳滞纳金。

目前我国关税、进口环节税、滞纳金、滞报金的起征点都是每票货物应纳税费金额在人民币 50 元及以上，50 元以下免征。

业务链接

滞纳金计算的具体规定

（1）在实际计算纳税期限时，应从海关填发税款缴款书之日的第二天起计算。

（2）税款缴纳期限内和滞纳金缴纳期限内的星期六、星期天或法定节假日，均不予扣除。

（3）缴纳期限的最后一日是星期六、星期天或法定节假日的，关税缴纳期限顺延至周末或法定节假日过后的第一个工作日。

（4）滞纳天数从缴纳期限最后一日的第二天起，按照实际滞纳天数计算。

（5）海关对逾期缴纳税款的，按规定除了对关税征收滞纳金外，同时对增值税、消费税征收滞纳金。

2. 计算公式

关税滞纳金金额 = 滞纳关税税额 ×0.5‰ × 滞纳天数

进口环节滞纳金金额 = 滞纳的进口环节税税额 ×0.5‰ × 滞纳天数

职业应用

国内某公司从香港购进日本丰田皇冠牌轿车一批，已知该批货物应征关税 352793.52 元，应征进口环节消费税为 72860.70 元，进口环节增值税为 247726.38 元。海关于 2011 年 3 月 3 日（星期四）填发海关专用缴款书，该公司于 2011 年 3 月 29 日缴纳税款。计算应征的滞纳金。

税款缴款期限为 2011 年 3 月 18 日（星期五），3 月 19 日～3 月 29 日为滞纳期，共滞纳 11 天。

关税滞纳金 = 352793.52 ×0.5‰ ×11 = 1840.36 元

消费税滞纳金 = 72860.70 ×0.5‰ ×11 = 400.73 元

增值税滞纳金 = 247726.38 ×0.5‰ ×11 = 1362.50 元

按规定，合计需缴纳 3 税的滞纳金共 3603.59 元。

【实战案例】

江苏东城进出口贸易有限公司境外采购中心欲从境外采购一批商品，因商品成本核算需要，要求关务部门提供下列货物的进口税费情况。其境外采购商品基本信息如表2-6：

表2-6 商品基本信息

序号	商品名称	规格/型号	到岸价格（元）	商品编码	产地
1	数码照相机	品牌：通用；COOLPIX S2600 PP	5500美元/台	85258029	美国
2	雪茄	品牌：特立尼达殖民地 规格：50标准条/箱	4000元/箱	24022000	古巴
3	小麦啤酒	品牌：德国皇家 品质：麦芽酿造，酒精含量5.0%VOL； 麦芽浓度：12.3P 包装规格：30升/桶	20美元/桶	2203000000	德国
4	奶油	6<脂肪≤10%；无糖	2400美元/吨	0401400000	新西兰

【案例操作】

1. 根据商品编码查找税率

根据商品的商品编码查询商品关税的税率如表2-7：

表2-7 商品关税的税率

序号	商品名称	商品编码	关税	环节税	消费税/备注
1	数码照相机	85258029	完税价格≤5000美元/台：130%；完税价格>5000美元/台：60%，加51500元	17%	
2	雪茄	24022000	最惠国：25% 普通：180%	17%	每标准条≥50元人民币，45%+150元；每标准条<50元，30%+150元
3	小麦啤酒	2203000000	普通税率7.5%；优惠税率0%	17%	进口完税价格≥0.3745美元/升，税率为0.253元/升； 进口完税价格<0.3745美元/升，税率为0.2227元/升

续表

序号	商品名称	商品编码	关税	环节税	消费税/备注
4	奶油	0401400000	普通税率：40%； 最惠国 15%； 自贸协定 3%	17%	中国与新西兰有自贸协定

2. 对商品的适用税率说明

适用税率如表 2-8。

表 2-8　　商品的适用税率

序号	商品名称	关税	代征税	
			环节税	消费税
1	数码照相机	60%的从价税加 51500 元的从量税	17%从价税	—
2	雪茄	古巴不具有最惠国待遇，适用税率 180%	17%从价税	根据计算每标准条价格为 80 元人民币，适用税率：从价税 45%加 150 元的从量税
3	小麦啤酒	因为德国为享受最惠国待遇国，税率为 0	17%从价税	根据计算进口完税价格为 0.6667 美元/升，适用税率：0.2227 元/升
4	奶油	自贸协定国，未到触发数量时从价税 3%，超过触发数量从价税为 15%	17%从价税	—

操作提示：

自由贸易协定中的“触发数量”是海关按照“先接受申报，先适用协定税率”的原则，确定有关农产品进口适用的关税税率。当有关农产品进口数量超过触发水平时，海关总署对外发布实施特殊保障措施的公告，并按照最惠国税率对超量的农产品征收税款。

项目二 海关商品归类

【项目目标】

知识目标

1. “协调制度”作用及基本结构
2. 商品归类的原则
3. 商品归类规则一
4. 商品归类规则二
5. 商品号列的意义、编排规则及表示方法

能力目标

1. 判定归类商品所在的章节目录
2. 利用互联网查找列明商品编码
3. 根据商品编码查找税率及监管条件

【专业知识】

一、“协调制度”概述

1. “协调制度”概述

“协调制度”是“商品名称及编码协调制度”的简称。它是依据国际上主要国家的税则、统计、运输等分类目录而制定的多用途国际贸易商品分类目录。

每一种进出口商品，必须有一个明确的商品编码与之对应，用于确定该商品的关税税额，并为商品的检验、国际货物的运输和保险提供方便。

2. “协调制度”的基本结构

从总体上来看，“协调制度”将国际贸易涉及的各种商品按照生产部类、自然属性和不同功能用途等分为21类，共有97章。“协调制度”商品分类见表2－9所示。

表 2－9　“协调制度”商品分类

类别序号	类别名称	章　目
第一类	活动类；动物产品	第 1 章 ~ 第 5 章
第二类	植物产品	第 6 章 ~ 第 14 章
第三类	动、植物油、脂及其分解产品；精制的食用油脂；动、植物腊	第 15 章
第四类	食品；饮料；酒、醋；烟草及烟草代用品的制品	第 16 章 ~ 第 24 章
第五类	矿产品	第 25 章 ~ 第 27 章
第六类	化学工业及其相关工业的产品	第 28 章 ~ 第 38 章
第七类	塑料及其制品；橡胶及其制品	第 39 章 ~ 第 40 章
第八类	生皮、皮革、毛皮及其制品；鞍具及挽具；旅行用品、手提包及其类似容器；动物肠线（蚕胶丝除外）制品	第 41 章 ~ 第 43 章
第九类	木及木制品；木炭；软木及软木制品；稻草、秸秆、针茅或其他编结材料制品；篓筐及柳条编结品	第 44 章 ~ 第 46 章
第十类	木浆及其他纤维状纤维素浆；回收（废碎）纸或纸板；纸、纸板及其制品	第 47 章 ~ 第 49 章
第十一类	纺织原料及纺织制品	第 50 章 ~ 第 63 章
第十二类	鞋、帽、伞、杖、鞭及其制品；已加工的羽毛及其制品；人造花；人发制品	第 64 章 ~ 第 67 章
第十三类	石料、石膏、水泥、石棉、云母及类似材料的制品；陶瓷产品；玻璃及其制品	第 68 章 ~ 第 70 章
第十四类	天然或养殖珍珠、宝石或半宝石、贵金属、包贵金属及其制品；仿首饰；硬币	第 71 章
第十五类	贱金属及其制品	第 72 章 ~ 第 83 章（其中第 77 章为保留章）
第十六类	机器、机械器具、电气设备及其零件；录音机及放声机、电视图像、声音的录制和重放设备及其零件、附件	第 84 章 ~ 第 85 章
第十七类	车辆、航空器、船舶及有关运输设备	第 86 章 ~ 第 89 章
第十八类	光学、照相、电影、计量、检验、医疗或外科用仪器及设备、精密仪器及设备；钟表；乐器；上述物品的零件、附件	第 90 章 ~ 第 92 章
第十九类	武器、弹药及其零件、附件	第 93 章
第二十类	杂项制品	第 94 章 ~ 第 96 章
第二十一类	艺术品、收藏品及古物	第 97 章

"协调制度"既是一个以4位数税目为基本的结构式分类目录，也是一个6位数的多用途分类目录。4位数主要用于海关征税，6位数主要用于贸易分析和统计。相关知识后面详细介绍。

职业应用

（1）蛙苗（改良种用）：蛙苗属于活动物，因此为第一类。

（2）苹果酒：苹果酒为发酵的酒类，属于植物的分解产品，因此为第二类。

（3）印花混纺布（棉40%，黄麻25%，亚麻35%）：印花混纺布属于植物纺织纤维产品，因此为第十一类纺织原料及纺织制品。

（4）手机用的锂电池：锂电池属于蓄电池，属于机电产品，因此归入第十六类电子产品。

业务链接

二十一类别记忆口诀

自然世界动植矿，一二五类在取样；
三类四类口中物，矿产物料翻翻五；
化工原料挺复杂，打开六类仔细查；
塑料制品放第七，橡胶聚合脂烷烯；
八类生皮合成革，箱包容套皮毛造；
九类木秸草制品，框板柳条样样行；
十类木浆纤维素，报刊书籍纸品做；
十一税则是大类，纺织原料服装堆；
鞋帽伞杖属十二，人发羽毛大半归；
水泥石料写十三，玻璃石棉云母粘；
贵金珠宝十四见，硬币珍珠同类现；
十五查找贱金属，金属陶瓷工具物；
电子设备不含表，机器电器十六找；
光学仪器十八类，手表乐器别忘了；
武器弹药特别类，单记十九少劳累；
杂项制品口袋相，家具文具灯具亮；
玩具游戏活动房，体育器械二十讲；
二十一类物品贵，艺术收藏古物类；
余下运输工具栏，放在十七谈一谈；
商品归类实在难，记住大类第一环。

二、商品编码的规则

1. 商品归类原则

商品归类规则是查找商品编码的基础。商品归类的规则由总规则、类注、章注及子目注组成。

归类总规则是商品编码查找的一般方法，是一种查找编码的原则；类注、章注是对类、本章目录下的归类原则的解释，子目注则是本对子目下商品归类方法的一种注解。总规则有6条，是查找的一般原则，类注、章注根据需要定立；子目注是对本税（品）目下的商品的一种限定。

2. 部分归类总规则介绍

进行商品归类需要有丰富的商品知识和各专业领域的知识，它是一个复杂而又细致的工作，在工作实际中，常不可避免地发生错误。本教材只对“协调制度”中其中的两条总规则作一个简单的介绍。希望通过这些介绍使同学们对商品归类的规则有个基本的了解，对编码查找方法有一个初步的体验，为进一步的学习打下基础。

规则一

类、章及分章的标题，仅为查找方便而设；具有法律效力的归类，应按品目条文和有关类注或章注确定，如品目、类注或章注无其他规定，按以下规则确定。

规则解释：

规则共有三层含义。

（1）它指出“类、章及分章的标题，仅为查找方便而设”。例如第一类，活动物；动物产品，按标题，它应该包括所有的活动物和动物产品。但根据第一类中章注可以知道，流动马戏团、动物园或其他类似巡回展出用的活动物，不包括在第一类里面。所以说“类、章及分章的标题，仅为查找方便而设”。

（2）“具有法律效力的归类应按项目条文和有关类注或章注确定”。如，在第一章章注中有规定，本章不包括品目95.08的动物，不包括品目30.02的培养微生物及其他产品。

（3）“如项目、类注或章注无其他规定，按以下规则确定”。在对商品进行归类的时候，税目条文及相关的章注、类注是最重要的。如果按税目条文及相关的章注、类注还无法确定归类的，才能够按后面的规则进行归类。

小贴士
规则一讲的是类、章、税（品）注的作用，是一个基本方法。

规则二

（一）税（品）目所列货品，应视为包括该项货品的不完整品或未制成品，只要在进口或出口时该项不完整品或未制成品具有完整品或制成品的基本特征；还应视为包括该项货品

的完整品或制成品（或按本款可作为完整品或制成品归类的货品）在进口或出口时的未组装件或拆散件。

规则解释：

所谓“具有完整品基本特征的不完整品”是指物品主要的部分已具备了，但还缺少非关键部分，如汽车缺少门、未安装座椅等。所谓“具有制成品基本特征的未制成品”是指物品已具有制成品的形状、特征，但还不能直接使用，例如，机器零件的毛坯。但对于还没有制成品基本形状的半制成品（杆、板、管材等）不能视为“毛坯”。

职业应用

45.03 是天然软木制品，外边包纱布的热水瓶塞子。热水瓶塞子虽然包了纱布，但是并没有改变其基本特征，因此还是归入 4503.1000 的品目。

（二）品目中所列材料或物质，应视为包括该种材料或物质与其他材料或物质混合或组合的物品。品目所列某种材料或物质构成的货品，应视为包括全部或部分由该种材料或物质构成的货品，由一种以上材料或物质构成的货品，应按规则三归类。

规则解释：

关于混合物及组合的材料或物质，以及由多种材料或物质构成的货品归类。其中包括：只含单一物质或材料货品；以该种材料或物质为主的混合或组合而成的货品，都应按规则三进行归类。

小贴士

规则二讲的是混合或组合物品归类原则。

职业应用

牛奶里加糖了，仍然按牛奶来归类，因为加入的糖并不改变牛奶的基本特征。

规则二不适用于第一类到第六类的商品。而且是只有在规则一无法解决的时候，才能够运用规则二。

3. 类注、章注、子目注

类注、章注、子目注是对本类、本章及本章下所列商品品目的具体注释。类注在每一类目录的开头，章注和子目注在每一章的首部。子目注是根据需要设立，不是每一章都有。如第五类“矿产品”没有类注；第十四章“编结用植物材料；其他植物产品”只有章注，没有子目注。

如第二类“植物产品”的类注释为：**本类所称“团粒”，是直接挤压或加入按重量计比**

例不超过3%的粘合剂制成的粒状产品。

又如，第十章“谷物”的章注释为：

“一、（一）本章各品目所列产品必须带有谷粒，不论是否成穗或带秆。

（二）本章不包括已去壳或经其他加工的谷物。但去壳、碾磨、磨光、上光、半熟或破碎的稻米仍应归入品目10.06。

二、品目10.05不包括甜玉米。”

子目注释为：所称“硬粒小麦”，是指硬粒小麦属的小麦及以该属具有相同染色体数目（28）的小麦种间杂交所得的小麦。

业务链接

归类总规则的其他四条规则

规则三

当货品按规则二（二）或由于其他任何原因看起来可归入两个或两个以上税（品）目时，应按以下规则归类：

（一）列名比较具体的税（品）目，优先于列名一般的税（品）目。但是，如果两个或两个以上税（品）目都仅述及混合或组合货品所含的某部分材料或物质，或零售的成套货品中的某些货品，即使其中某个税（品）目对该商品描述的更为全面、详细，这些货品在有关税（品）目的列名应视为同样具体。

（二）混合物、不同材料构成或不同部件组成的组合物以及零售的成套货品，如果不能按照规则三（一）归类是，在本款可适用的条件下，应按构成货品基本特征的材料或部件归类。

（三）货品不能按照规则三（一）或（二）归类时，应按号列顺序归入其可归入的最末一个税（品）目。

规则四

根据上述规则无法归类的货品，应归入与其最相类似的货品税（品）目。

规则五

除上述规则外，本规则适用于下列货品的归类：

（一）制成特殊形状仅使用于盛装某个或某套物品并适合长期使用的，如照相机套、乐器盒、枪套、绘图仪器盒、项链盒及类似容器，如果与所装物品同时进口或出口，并通常与所装物品一同出售的，应与所装物品一并归类。但本款不适用于本身构成整个货品基本特征的容器。

（二）除规则五（一）规定的以外，与所装货品同时进口或出口的包装材料或包装容器，如果通常是用来包装这类货品的，应与所装货品一起归类。但明显可重复使用的包装材料和包装容器不受本款限制。

规则六

货品在某一（税）品目项下各子目的法定归类，应按子目条文或有关的子目注释以及以上各条规则来确定，但子目的比较只能在同一数级上进行。除“协调制度”条文另有规定的以外，有关的类注、章注也适用于本规则。

三、商品编码的查找方法

1. 商品号列的意义、编排规律及其表示方法

“协调制度”商品分类目录对商品的分类和编排是有一定规律的。一般的商品编码是8位数字。前2位表示章目；第3、4位表示税（品）目，按该章的排列顺序号；后4位分别表示1~4级子目。我国进出口商品编码的表示方法如图2-1所示。

编　码:	01	01	1	0	1	0	改良种用野马
位数含义	章	税(品)目	五位数字级子目	六位数字级子目	七位数字级子目	八位数字级子目	

图2-1 商品编码的表示方法

在“协调制度”的商品编码目录列表中，“—”表示1级子目；“——”表示2级子目；“———”表示3级子目；“————”表示4级子目。如表2-10商品编码样例表所示。

表2-10 商品编码样例表

商品编码	商品名称
03.01	活鱼
	……
	—其他活鱼
	……
	——鳗鱼
	……
	——其他
	……
	———鱼苗
0301.9911	————鲈鱼
	……

“03.01 活鱼”为品目；“一其他活鱼”为1级子目；“——鳗鱼”、“——其他”为2级子目；“———鱼苗”为2级子目；“————鲈鱼”为4级子目。即“0301.9911”为活鲈鱼苗的商品编号。

2. 商品编码查找的方法

前面已经讲过，“协调制度”共有21类，97章商品。第1类～第4类是农副产品，从第5类～第21类是工业品。第1类～第4类是按：动物——植物——油脂——食品来排列。而工业品中，是按原料——半成品——成品；整机——零部件；具体列名——未列名等排列。

在查找商品编码的时候，最主要的是确定商品在21类中的哪一类，之后要确定其在哪一章内。对于“协调制度”中列名的商品，查找的方法相对简单，只要确定类、章后，寻找到相对应的品目，在品目中找到对应的商品，必要时查看本章的章注和子目注即可；而对于未列名的商品，则比较困难，需要根据商品的性质，逐条对照归类的规则和有关的注释，进行分析后确定其商品的编码。本教材只要求同学们了解第一大类中，列名商品的查找方法。

职业应用

(1) 查找“火鸡”的商品编码。

类、章分析：火鸡是活动物，第一类，第一章“活动物”。

税目分析：查阅4位数号后对应的黑体字，在“01.05”品目下可看到“家禽，即鸡、鸭、鹅、火鸡及珍珠鸡”。

章注分析：该章注没有提及相关内容，可以忽略。

查税（品）目：在该税（品）目下，找到4级子目“火鸡”为9994。

结　　论：商品编码为0105.9994。

(2) 查找“牛尾毛”的商品编码

类、章分析：牛尾毛属于动物产品，所以为第一类，第五章“其他动物产品”。

税目分析：查阅第五章可知只有两个税目可涉及，即0511和0503。

章注分析：查阅章注第4条可知，牛尾毛为0503；查看0503。

查税（品）目：在0503下，查找能够涵盖该商品的子目为0090。

结　　论：牛尾毛的商品编码为0503.0090。

3. 网上查询商品编码

利用专业网站提供的相关服务功能查找商品编码，是一种即快速又有效的办法。

首先让我们看一下中国海关提供的查询功能。在IE中，输入中国海关总署网址http://www.customs.gov.cn，在网站左侧的在线查询栏目中，有一“商品信息查询”栏目，如图2-2所示。在商品信息查询的方框中输入你所要查找的商品信息，单击“Go”按钮，就能找到该相关商品的HS编码。

图 2－2 商品信息查询

职业应用

查找“汽车收放机”的商品编码

在中国海关网首页的“商品信息查询”栏中输入“汽车收放机”信息，单击“Go”按钮，随即在屏幕上跳出“商品详细信息”界面，可看到商品编码为“8527210000，需外接电源汽车收录（放）组合机”等信息。

如需要查看该目录中更详细的信息，可进一步点击“8527210000”查看。

如果我们已知商品的大类来查找商品信息也很方便。比如我们已经知道要查的“汽车”大类是“8527”，只要在商品信息查询的方框中输入“8527”，单击“Go”按钮即可。

另外，在我国各级贸易管理机构如海关、税务，都提供相关的查询功能，其他国际贸易专业网站，甚至是企业网站上也都有相应的服务功能。

需要注意的是，利用互联网查找商品的编码是一种编码查找的辅助手段。因为国际贸易商品品种繁多，变化极其复杂，再专业的网站也不可能涵盖所有的商品。再有，我国海关每年都会根据实际情况的变化，及时调整有些商品的编码，如从 2007 年 1 月 1 日起根据海关合作组织税目调整目录，将原来的商品编码大幅度地进行了调整，调整幅度达到了 30%。

【实战案例】

小朱同学在学习报关业务课程的时候碰到一个问题，老师拿了一份报关资料，上面所列的商品品名是“运动鞋”。在填制报关单时，要求必须写明该商品的编码。这下小朱同学可犯难了，这个商品的编码到底是什么？你能帮他查一查吗？

要查找“运动鞋”的商品编码，必须得知道商品的编码是怎么查找的。

【案例操作】

在 IE 中，输入中国海关总署网址 http：//www. customs. gov. cn，在网站的左侧有一栏目“重点商品查询”。在商品信息查询的方框中输入“运动鞋”，单击“Go”按钮。我们找到了有关运动鞋的 HS 编码，由“6402140090”的塑料外底及面的运动鞋和“6406100090”PVC 运动鞋面等共有 20 个界面，我们可以从中找到所需的商品编码。

上述的例子是我们通过商品名称来查询，如果我们知道商品的大类来查找商品信息也很方便。如果我们已经知道要查的“运动鞋”的大类是“6406”，只要在商品信息查询的方框中输入“6406”，单击“Go”按钮即可。

项目三　计算进出口税费

【项目目标】

知识目标

1. 构成进口货物成交价格的因素
2. 构成出口货物成交价格的因素
3. 进出口货物原产地的确定
4. 从价税计算公式
5. 从量税计算公式
6. 复合税计算公式
7. 消费税计算公式
8. 增值税计算公式

能力目标

1. 审定进口货物成交价格
2. 审定出口货物成交价格
3. 审定进出口货物的原产地
4. 审定进口货物适用税率
5. 计算进口货物应缴税款

【专业知识】

进出口货物完税价格是海关对进出口货物征收从价税时审查估定的应税价格，是凭以计征进出口货物关税及进口环节代征税税额的基础。

进口货物完税价格的审定包括一般进口货物的完税价格的审定和特殊进口货物的完税价格的审定两方面的内容。

一、一般进口货物的完税价格

1. 进口货物的完税价格

进口货物的完税价格是由海关以该货物的成交价格为基础审查确定，其中应包括货物运

抵中华人民共和国境内输入地点起卸前的运输及相关费用、保险费。

“相关费用”主要是指与运输有关的费用，如装卸费、搬运费等。

> **小贴士**
>
> 确定进口货物完税价格由海关依次采用进口货物成交价格法、相同货物成交价格法、类似货物成交价格法、倒扣价格法、计算价格法、合理方法等六种估价方法。最为常见的是成交价格法。

2. 成交价格

进口货物的成交价格是指卖方向我国境内销售该货物时买方为进口该货物向卖方实付、应付的，并按有关规定调整后的价款总额，包括直接支付的价款和间接支付的价款。

其中“实付或应付”是指：

（1）必须由买方支付，支付的目的是为了获得进口货物。

（2）支付的对象既包括卖方也包括与卖方有联系的第三方。

（3）包括已经支付和将要支付两者的总额。

> **小贴士**
>
> 进口货物的完税价格不完全等同于贸易中实际发生的CIF成交价格，需要按有关规定进行调整。也就是说，经海关审查确定的CIF成交价格才是进口货物的完税价格。

3. 成交价格的调整因素

成交价格的调整因素包括“计入项目”和“扣除项目”。“计入项目”必须计入成交价格，“扣除项目”应从价格中扣除。成交价格的调整因素，见表2－11。

表2－11　　成交价格的调整因素

计入项目	扣减项目
除购货佣金以外的佣金和经纪费	厂房、机械或者设备等货物进口后发生的建设、安装、装配、维修或者技术援助费用，保修费用除外
与进口货物作为一个整体的容器费	货物运抵境内输入地点起卸后发生的运输及其相关费用、保险费
包装费（包括材料费、包装劳务费）	进口关税、进口环节代征税及其他国内税
协助的价值	为在境内复制进口货物而支付的费用

续表

计入项目	扣减项目
特许权使用费	境内外技术培训及境外考察费用
返回给卖方的转售收益	

小贴士

上述计入项目的费用或价值计入完税价格中，必须同时满足三个条件：A. 由买方负担；B. 未包括在进口货物的实付或应付价格中；C. 有客观量化的数据资料。

职业应用

天津某进出口公司自美国进口一套机械设备，在发票中列明交易总价格为 CIF 上海 296750.00，具体内容为：设备 250000.00 美元，运费 5000.00 美元，保险费 750.00 美元，佣金 37500.00 美元，境外培训费 1000.00 美元，安装费 2000.00 美元，调试费 500.00 美元。

经海关审核确定的进口完税价格应该是

进口完税价格 = 296750.00 - 1000.00（境外培训费） - 2000.00（安装费） - 500.00（调试费） = 293250 美元

理由：除发票中列明的“设备”、“运费”、“保险费” 外，“佣金” 属于调整因素中的计入部分，而“境外培训费”、“安装费” 以及“调试费” 则属于不计入部分应予以扣减。

业务链接

海关估价方法

确定进口货物完税价格时，除首先采用进口货物成交价格法外，依次采用以下方法：

（1）相同货物成交价格法、类似货物成交价格法：以与被估货物同时或大约同时向中华人民共和国境内销售的相同货物及类似货物的成交价格为基础，审查确定进口货物完税价格的方法。

“相同货物”是指与进口货物在同一国家或者地区生产的，在物理性质、质量和信誉等所有方面都相同的货物，但是表面的微小差异允许存在。

“类似货物”是指与进口货物在同一国家或者地区生产的，虽然不是在所有方面都相同，但是却具有相似的特征、相似的组成材料、相同的功能，并且在商业中可以互换的货物。

(2) 倒扣价格法：以进口货物、相同或类似进口货物在境内第一环节的销售价格为基础，扣除境内发生的有关费用来估定完税价格。

(3) 计算价格法：既不是以成交价格，也不是以在境内的销售价格为基础，它是以发生在生产国或地区的生产成本作为基础的价格。

(4) 当上述几种方法不能使用时，适用合理方法：根据公平、统一、客观的估价原则，以客观量化的数据资料为基础审查确定进口货物完税价格的估价方法。

二、出口货物的完税价格

出口货物的完税价格由海关以该货物的出口成交价格为基础审查确定，包括货物运至中华人民共和国境内输出地点装载前的运输及其相关费用、保险费。

1. 出口货物成交价格

出口货物的成交价格，是指该货物出口销售时，卖方为出口该货物向买方直接收取和间接收取的价款总额。

2. 成交价格调整因素

不计入出口货物完税价格的税收、费用包括：出口关税；在货物价款中单独列明的货物运至我国境内输出地点装载后的运输及其相关费用、保险费；在货物价款中单独列明由卖方承担的佣金等。

小贴士

出口货物的完税价格，海关以FOB价格为基础进行审定，但不等同于贸易中所用的FOB价格。

三、进出口货物原产地的确定

1. 原产地规则的含义

各国以本国立法形式制定出其鉴别货物“国籍”的标准，就是原产地规则。世界贸易组织《原产地规则协议》将原产地规则定义为：一国（地区）为确定货物的原产地而实行的普遍适用的法律、法规和行政决定。

小贴士

在国际贸易中,原产地这个概念指货物生产的国家(地区),就是该货物的“国籍”。

根据进口货物的“国籍”，就可以直接确定其依照进口国的贸易政策所适用的关税和非关税待遇。原产地的不同决定了进口货物所享受的关税待遇不同。

2. 原产地规则的类别

原产地规则分为两大类：一类为优惠原产地规则，另一类为非优惠原产地规则。不同类别的原产地规则，见表2－12。

表2－12 不同类别的原产地规则

原产地规则	含　义
优惠原产地规则（协定原产地规则）	一国为了实施国别优惠政策而制定的法律、法规，是以优惠贸易协定通过双边、多边协定形式或者是由本国自主形式制定的一些特殊原产地认定标准
非优惠原产地规则（自主原产地规则）	一国根据实施其海关税则和其他贸易措施的需要，由本国立法自主制定

小贴士

协定原产地规则是根据双边、多边协定，对某种进口货物实行优惠税率的规则。而自主原产地规则是一国从本国的利益出发，制定进口货物的关税税率。

业务链接

我国与相关国家签订的优惠税率协定

我国加入世界贸易组织后，为了进一步改善所处的贸易环境，推进市场多元化进程，开创新的格局。截至2011年3月，我国与近70个国家先后签订了11个优惠协定，协定中均包含有相应的优惠原产地规则，给予优惠关税待遇。

3. 原产地认定标准

在认定货物的原产地时，会出现以下两种情况，不同的情况对应不同的认定标准。原产地认定标准，见表2－13。

表2－13 原产地认定标准

产品情况	认定标准
货物完全是在一个国家（地区）获得或生产制造的产品	以产品的种植、开采或生产国为原产国，这一标准通常称为"完全获得标准"
货物是经过两个或两个以上几个国家（地区）生产或制造的产品	以最后完成实质性加工的国家为原产国，这一标准通常称为"实质性改变标准"

4. 原产地证明

原产地证明书是证明产品原产于某地的书面文件。它是受惠国的产品到给惠国时享受关税优惠的凭证，同时也是进口货物是否适用反倾销、反补贴税率及保障措施等贸易政策的参考凭证。

职业应用

案例1：美国产的原棉，在日本纺成纱线并织成布匹，然后经染色、印花和整理等工序，再运到台湾做成T恤，最后经香港包装后进口进境，原产地为台湾。

案例2：在台湾纺成的纱线，运到日本织成棉织物，并进行冲洗、烫、漂白、染色、印花。上述棉织物又被运往越南制成睡衣，后经香港更换包装转销我国，原产地为越南。

四、进出口货物的税率

1. 税率适用的规定

（1）进口税率。《进出口关税条例》中关于进出口货物适用关税税率的规定，将进口关税设置为：最惠国税率、协定税率、特惠税率、普通税率、关税配额税率等。另外，国家对国民经济发展有重大影响的进出口货物，在一定期限内实行临时性进出口关税税率，即暂定税率。如何确定进出口货物应当适用那一种税率，见表2－14。

表2－14　　进出口货物适用相应税率对照表

适用的税率	适 用 范 围
最惠国税率	原产于共同适用最惠国待遇条款的世界贸易组织成员的进口货物
	原产于与我国签订含有相互给予最惠国待遇条款的双边贸易协定的国家或者地区的进口货物
	原产于我国境内的进口货物
协定税率	原产于与我国签订含有关税优惠条款的区域性贸易协定的国家或者地区的进口货物
特惠税率	原产于与我国签订含有特殊关税优惠条款的贸易协定的国家或者地区的进口货物
普通税率	原产于上述以外国家或者地区的进口货物，以及原产地不明的进口货物
关税配额税率	国家规定实行关税配额管理的且在关税配额内的进口货物

在我国，对于同时适用多种税率的进口货物，税率选择的基本原则是“从低适用”，特殊情况除外。如：适用最惠国税率的进口货物有暂定税率的，应当适用暂定税率；适用协定税率、特惠税率的进口货物有暂定税率的，应当从低适用税率；适用普通税率的进口货物，不适用暂定税率。根据“从低适用”原则，对同时有两种及以上税率可适用的进口货物最终适用的税率汇总如表2－15所示。

表 2 – 15　　同时适用两种及以上税率情况下的最终税率

同时适用的税率	最终适用的税率
最惠国税率、进口暂定税率	暂定税率
协定税率、特惠税率、进口暂定税率	应当从低适用税率（特殊情况除外）
国家优惠政策、进口暂定税率	按国家优惠政策进口暂定税率商品时，以优惠政策计算确定的税率与暂定税率，两者取低计征关税，但不得在暂定税率基础上再进行减免
普通税率、进口暂定税率	适用普通税率的进口货物，不适用暂定税率
关税配额税率、其他税率	关税配额内的，适用关税配额税率；关税配额外的，适用其他税率
ITA 税率、其他税率	适用 ITA 税率
反倾销税、反补贴税、保障措施关税、报复性关税	适用反倾销税率、反补贴税率、保障措施税率或报复性关税税率

（2）出口税率。出口关税设置出口税率，有些出口货物在一定期限内可以实行暂定税率。

对于出口货物，在计算出口关税时，出口暂定税率的执行优于出口税率。

2. 税率的实际运用

《进出口关税条例》规定，进出口货物应当适用海关接受该货物申报进口或者出口之日实施的税率。

在实际运用时应区分以下几种不同情况，如表 2 – 16 所示。

表 2 – 16　　税率实际运用对照表

进出口货物申报情况		征税时适用的税率
进口货物，先行申报的		运输工具申报进境之日
超期未申报进口货物由海关依法变卖的		
出口转关运输（先办理申报后办理转关）		起运地海关接受申报出口之日
进口转关	先办理转关后办理申报	指运地海关接受申报进口之日
	运抵至指运地前先行申报	运输工具抵达指运地之日
集中申报（如保税物流中心、保税物流园区、保税港区等）		每次进出口申报之日（保税港区适用报关单集中申报之日实施的税率）
因纳税义务人违反规定需追征税款的		违反规定的行为发生之日（行为发生之日不能确定的，适用海关发现该行为之日）

续表

进出口货物申报情况		征税时适用的税率
已放行货物因其他原因需缴纳税款	保税货物不复运出境	再次填写报关单申报办理纳税及有关手续之日
	保税仓储货物转入国内市场销售	
	减免税货物转让或者移作他用	
	暂时进出境货物不复运出进境	
	租赁进口货物，分期缴纳税款	

进出口货物关税的补征和退还，按照上述规定确定适用的税率。

五、进口关税税款的计算

海关在对进出口货物进行具体计征关税时，是根据进出口货物的税则号列、完税价格、原产地、适用的税率和汇率计征税款。

在具体计算时，首先确定计征方式，然后按照下列计算程序进行操作。适用于各类计征方式的基本计算程序是：

按照归类原则确定税则归类，将应税货物归入适当的税号。

根据原产地规则和税率适用规定，确定应税货物所适用的税率。

确定实际进口数量、重量。

根据审定完税价格办法的有关规定，确定应税货物的 CIF 价格。

根据汇率适用规定，将以外币计价的 CIF 价格折算成人民币（完税价格）。

按照计算公式正确计算应税税额。

小贴士

在确定商品适用税率时，首先要确定商品 HS 编码和原产地，然后判断其应该适用哪种优惠税率，如无优惠税率的最后使用普通税率。

业务链接

关税计算的其他问题

（1）海关征收的税、费一律以人民币计征，起征点均为人民币 50 元。

（2）完税价格、税额采用四舍五入法计算至分。

（3）进出口货物的成交价格及有关费用以外币计价的，计算税款前海关按照该货物适用税率之日所适用的计征汇率折合为人民币计算完税价格。

(4) 海关每月使用的计征汇率为上一个月第三个星期三（第三个星期三为法定节假日的，顺延采用第四个星期三）中国人民银行公布的外汇对人民币的基准汇率。

以基准汇率币种以外的外币计价的，采用同一时间中国银行公布的现汇买入价和现汇卖出价的中间值（人民币元后采用四舍五入法保留4位小数）。

中间价 =（买入价 + 卖出价）÷2

【实战案例】

1. 从价税计算

国内某公司从香港购进日本产丰田皇冠轿车10辆，成交价格合计为FOB香港120000.00美元，实际支付运费5000美元，保险费800美元。已知小轿车的汽缸容量2000cc，适用中国银行的外汇折算价为1美元 = 人民币6.5718元，计算应征进口关税。

2. 从量税计算

国内某公司从香港购进日本产的柯达彩色胶卷50400卷（宽度35毫米，长度1.8米），成交价格为CIF境内某口岸10.00港币/卷。已知适用中国银行的外汇折算价为1港币 = 人民币0.8431元；以规定单位换算表折算，规格“135/36”的彩色胶卷1卷 = 0.05775平方米，计算应征进口关税。

3. 复合关税计算

国内某公司从日本购进该国企业生产的广播级电视摄像机40台，其中有20台成交价格为CIF境内某口岸4000美元/台，其余20台成交价格为CIF境内某口岸5200美元/台。已知适用中国银行的外汇折算价为1美元 = 人民币6.5718元，计算应征进口关税。

4. 消费税计算

某进出口公司进口丹麦产啤酒3800升（988升 = 1吨），经海关审核其成交价格总值为CIF境内某口岸1672.00美元。其适用中国银行的外汇折算价为1美元 = 人民币6.5718元，计算应征的进口环节消费税税额。

5. 增值税计算

某公司进口货物一批，经海关审核其成交价格为1239.50美元，其适用中国银行的外汇折算价为1美元 = 人民币6.5718元。已知该批货物的关税税率为12%，消费税税率为10%，增值税税率为17%，计算应征增值税税额。

【案例操作】

1. 从价税计算

计算步骤：

(1) 确定税则归类，汽缸容量2000cc的小轿车归入税号8703 2341；

(2) 原产国日本适用最惠国税率为25%；

(3) 审定完税价格为125800 (120000 + 5000 + 800) 美元；

(4) 将外币价格折算成人民币为125800 × 6.5718 = 826732.44元；

(5) 计算应税税款：

应征进口关税税额 = 完税价格 × 关税税率

= 826732.44 × 25%

= 206683.11元

操作提示：

进口成交价格FOB、C&F转换成CIF公式如下：

CIF = (FOB + F) ÷ (1 - 保险费率)

CIF = C&F ÷ (1 - 保险费率)

注：申报的CIF价格，不是完税价格，经海关审定的CIF价格，才是完税价格。

---

2. 从量税计算

计算步骤：

(1) 确定税则归类，彩色胶卷归入税号3702.5410；

(2) 原产国日本适用最惠国税率22.00元/平方米；

(3) 确定其实际进口量50400卷 × 0.05775平方米/卷 = 2910.6平方米；

(4) 审定完税价格为504000港币，将外币总价格折算成人民币为424922.40元（计征进口环节增值税时需要）；

(5) 计算应征税款：

应征进口关税税额 = 22.00元 × 2910.6

= 64033.20元

3. 复合关税计算

计算步骤：

(1) 确定税则归类，该批摄像机归入税号8525.8012；

(2) 货物原产国为日本，关税税率适用最惠国税率，经查关税税率为：完税价格不高于5000美元/台的，关税税率为单一从价税率35%；完税价格高于5000美元/台的，关税税率为3%，加12960元从量税；

(3) 确定后成交价格分别合计为80000美元（每台4000美元的20台）和104000美元（每台5200美元的20台）；

(4) 将外币总价格折算成人民币分别为525744.00元和683467.20美元；

(5) 按照计算公式分别计算进口关税税款：

20台单一从价进口关税税额 = 完税价格 × 关税税率

= 525744.00 × 35%

= 184010.40元

20台复合进口关税税额 = 货物数量 × 单位税额 + 完税价格 × 关税税率

=12960×20+683467.20×3%

=259200.00+20504.02

=279704.02 元

40 台合计进口关税税额=从价进口关税税额+复合进口关税税额

=184010.40+279704.02

=463714.42 元

4. 消费税计算

计算步骤：

（1）确定税则归类，啤酒归入税号 2203.0000；

（2）消费税税率为从量税，进口完税价格≥370 美元/吨的消费税税率为 250 元/吨，进口完税价格<370 美元/吨的消费税税率为 220 元/吨；

（3）进口啤酒数量：3800 升÷988 升/吨=3.846 吨；

（4）计算完税价格单价：1672 美元÷3.846 吨=434.74 美元/吨（进口完税价格>370 美元/吨），则消费税税率为 250 元/吨；

（5）按照计算公式计算进口环节消费税：

应征消费税税额=250 元×3.846

=961.50 元

5. 增值税计算

计算方法：

首先计算关税税额，然后计算消费税税额，最后再计算增值税税额。

（1）将外币价格折算成人民币为 1239.50×6.5718=8145.75 元；

（2）计算关税税额：

应征关税税额=8145.75×12%

=977.49 元

（3）计算消费税税额：

应征消费税税额=[（8145.75+977.49）÷（1-10%）]×10%

=10136.93×10%

=1013.69 元

（4）计算增值税税额：

应征增值税税额=（8145.75+977.49+1013.69）×17%

=10136.93×17%

=1723.28 元

操作提示：

如进口货物不需要征收消费税的，则计算公式如下。

应征关税税额=完税价格×关税税率

应征增值税税额=（完税价格+关税税额）×增值税税率

项目四 办理减免税手续

【项目目标】

知识目标

1. 法定减免税海关规定及主要类别
2. 特定减免税海关规定及实施项目
3. 临时减免税海关规定及种类
4. 特定减免税事务办理海关规定
5. 特定减免税性质解除的海关规定

能力目标

1. 分析特定减免税的减免税项规定
2. 办理特定减免税备案和审批手续

【专业知识】

进出口税费减免主要可分为三大类，即法定减免税、特定减免税和临时减免税。另外，国家会根据不同时期的需要，制定专项的进口税收优惠政策。

一、减免税规定

1. 法定减免税

法定减免税是指进出口货物按照《海关法》、《关税条例》和其他法律、行政法规的规定，可以享受的减免关税优惠。海关对法定减免税货物一般不进行后续管理。

进出口货物属于法定减免税的主要类别，见表 2－17。

表 2－17　　法定减免税类别

减免税条件	减免税货物
不足起征点	一票货物的关税税额在人民币 50 元以下
无商业价值	无商业价值的广告品和货样

续表

减免税条件	减免税货物
无偿赠送	外国政府、国际组织无偿赠送的进口物资
受损货物	在海关放行前遭受损坏或损失的货物
运输工具自用物资	进出境运输工具装载的途中必需的燃料、物料和饮食用品
条约免征	与我国缔结或者参加的国际条约规定减征、免征关税的货物、物品
其他原因	法律规定减征、免征关税的其他货物、物品

另外，进口环节的增值税或消费税税额在人民币50元以下的一票货物也可予以免征。

职业应用

下列进口货物可以免税的原因：

（1）关税税额为人民币10元的一票进口货物可以免税，理由是应征税额不足人民币50元，属于法定减免税。

（2）上海某公司从意大利进口用于推销的样品男、女单只皮鞋100只，价值人民币2000元可以免税，理由是无商业价值的广告品。

（3）世界卫生组织赠送给贵州一套医疗检查设备可以免税，理由是国际组织赠送的。

（4）浙江某企业自德国进口一批精密测量仪器，在港区卸货过程中，有一台仪器不慎被摔坏而无法使用，可以免税，理由是报关前受损。

2. 特定减免税

特定减免税是指海关根据国家规定，对特定地区、特定用途和特定企业给予的减免关税和进口环节海关代征税的优惠。特定减免税也称政策性减免税。

我国根据不同的特定地区、特定用途和特定企业需要给予不同的特定减免税优惠政策。实施特定减免税的主要项目以及优惠政策，如表2－18所示。

表2－18　实施特定减免税的项目汇总

<table>
<tr><th>特定减免税项目</th><th>关税减免情况</th><th>增值税、消费税征免情况</th></tr>
<tr><td>外商投资项目投资额度内进口自用设备</td><td rowspan="4">免征</td><td rowspan="3">免征消费税
征收增值税</td></tr>
<tr><td>外商投资企业自有资金项目</td></tr>
<tr><td>国内投资项目进口自用设备</td></tr>
<tr><td>贷款项目进口物资</td><td>增值税进项税额无法抵扣的，同时免征进口环节增值税</td></tr>
<tr><td colspan="3">以上4种情况的免税，属于“外商投资项目不予免税的进口商品目录”所列的商品除外</td></tr>
</table>

续表

<table>
<tr><th colspan="2">特定减免税项目</th><th>关税减免情况</th><th>增值税、消费税征免情况</th></tr>
<tr><td colspan="2">集成电路项目进口物资</td><td rowspan="2">免征</td><td>免征消费税
征收增值税</td></tr>
<tr><td colspan="2">贷款中标项目进口零部件</td><td>征收增值税、消费税</td></tr>
<tr><td colspan="2">残疾人专用品</td><td rowspan="2">免征</td><td rowspan="2">免征增值税、消费税</td></tr>
<tr><td colspan="2">科教用品</td></tr>
<tr><td colspan="2">重大技术装备</td><td colspan="2">免征，但“外商投资项目不予免税的进口商品目录”所列的商品除外</td></tr>
<tr><td colspan="2">科技开发用品</td><td colspan="2">在一定时期内，在国内不能生产或者性能不能满足需要的，在合理数量范围内，免征</td></tr>
<tr><td colspan="2">救灾捐赠物资</td><td colspan="2">在直接用于救灾、合理数量范围内的物资，免征</td></tr>
<tr><td colspan="2">远洋渔业项目进口自捕水产品</td><td rowspan="3">免征</td><td rowspan="3">免征增值税</td></tr>
<tr><td colspan="2">海上石油、陆上石油项目进口物资</td></tr>
<tr><td colspan="2">扶贫慈善捐赠物资</td></tr>
<tr><td rowspan="3">特定区域物资</td><td rowspan="2">保税区、出口加工区等特定区域进口的货物</td><td colspan="2">生产性基础设施项目所需的机器、设备和基建物资可以免税</td></tr>
<tr><td colspan="2">企业进口自用的生产、管理设备和自用合理数量的办公用品及其所需的维修零配件，生产用燃料，建设生产厂房、仓储设施所需的物资、设备可以免税</td></tr>
<tr><td>行政管理机构自用合理数量的管理设备和办公用品及其所需的维修零配件</td><td colspan="2">可以免税</td></tr>
<tr><td colspan="2">进口远洋渔船及船用关键设备和部件</td><td colspan="2">对进口少量符合条件的二手远洋渔船，以及进口国内尚不能建造的特种渔船，实施进口税收优惠政策</td></tr>
<tr><td colspan="2">无偿援助项目进口物资</td><td colspan="2">外国政府、国际组织无偿赠送及我国履行国际条约规定进口的物资，在减免税范围内，可以享受减免税优惠</td></tr>
</table>

此外，国家还根据不同时期的需要制定相关的减免税政策。

小贴士

进口的减免税不是根据所买的货物来判定的，首先是根据所在单位是否具有减免税的资格来的。例如国家级的研究机构、学院等，或者是国家政府鼓励项目，这些单位在海关备案登记，获得审批后就具有申请减免税的资格了。

职业应用

分析下列进口货物是否可以享受特定减免税，并说明原因。

(1) 上海金桥出口加工区内生产企业在投资额度内进口的机器设备，属于特定减免税货物。可以减免关税和消费税。

(2) 南京某三资企业进口用于进料加工的生产原材料。不可以享受特定减免税，因为此原材料属于保税加工贸易项下的保税进口的料件。

(3) 某外商在境内的销售处进口自用的办公设备，可以享受特定减免税，原因是属于外商投资企业自有资金项目。

(4) 江苏省内资企业购买属于“鼓励发展的产业、产品和技术目录”列名投资项目下的机器设备，可以享受特定减免税，根据规定可以减免关税和消费税。

(5) 北京残疾人公益组织进口的残疾人专用轮椅，可以享受特定减免税，且可以免关税和进口环节税。

3. 临时减免税

临时减免税是指法定减免税和特定减免税以外的其他减免税，国务院根据某个单位、某类商品、某个时期或某批货物的特殊情况需要，给予特别的临时性减免税优惠。如汶川地震灾后重建进口物资。

临时减免的情况主要有以下几个方面：①因国别政策或经济体制的变化等许多政策上的原因造成企业经营上的亏损或税负过重的；②税则税率明显不合理但一时又难以调整，给企业带来实际困难的；③国家需针对特殊困难，给予专门照顾和扶持的。

二、特定减免税管理

为了规范进出口货物减免税管理，保障进出口货物减免税申请人（以下简称减免税申请人）的合法权益，海关总署根据有关法律和行政法规的规定。制定了减免税管理办法。

1. 减免税申办手续

申请办理特定减免税备案、减免税审批、减免税税款担保和后续管理等相关手续的规定，见表2－19。

表 2-19 办理减免税事务的相关规定

要点	情况	规定	说明
申请地点	一般情况	向所在地主管海关申请办理	
	投资项目地点与申请人不是同一海关	向投资项目所在地海关申请	
	投资项目所在地涉及多个海关	向申请人所在地主管或有关海关的共同上级海关申请	共同上级海关可以指定相关海关办理
申请人	进出口货物减免税申请人或其委托代理人		
	步骤	内容	说明
申办流程	减免税备案手续	在申请减免税进出口货物前，向主管海关申请办理减免税备案手续	企业的申请资格备案
	减免税审批手续	在货物申报进出口前，向主管海关申请办理进出口货物减免税审批手续	办理某批货物的“减免税证明”
	货物实际进口	持“征免税证明”通关	逾期的，可在有效期内向海关申请延期
	税款担保[注]	持准予担保的证明向海关办理担保手续	主要采取保证金担保

备注：海关接受担保的情况：海关已经受理减免税备案或者审批申请，尚未办理完毕的；有关税收优惠政策已经批准，具体实施措施尚未明确，海关已确认属于享受该政策范围等。

2. 特定减免税性质的解除

根据海关的规定，船舶、飞机的海关监管期限为 8 年，机动车辆海关监管期限为 6 年，其他货物的海关监管期限为 5 年。在海关监管年限内，未经许可，减免税申请人不得擅自将减免税货物转让、抵押、质押、移作他用或者进行其他处置。

在监管期内，如果特定减免税货物因各种原因需要移作他用的，解除海关监管的，应当补缴税款。补缴税款的计算公式为：

$$\text{补缴税款}=\text{海关审定的货物原进口时的价格}\times\text{税率}\times\frac{\text{需补缴税款的时间}}{\text{监管年限}\times 12\times 30}$$

减免税货物因转让或者其他原因需要补征税款的，补税的完税价格以海关审定的货物原进口时的价格为基础，按照减免税货物已进口时间与监管年限的比例进行折旧，其计算公式如下：

$$\text{补税的完税价格}=\text{海关审定的货物原进口时的价格}\times\left(1-\frac{\text{减免税货物已进口时间}}{\text{监管年限}\times 12}\right)$$

小贴士

补交税款计算公式适用税率，应当适用海关接受申报办理纳税手续之日实施的税率；需补缴税款的时间是指减免税货物移作他用的实际时间，按日计算。每日实际生产不满 8 小时或者超过 8 小时的均按 1 日计算。

补税的完税价格计算公式中“减免税货物已进口的时间”自减免税货物的放行之日起按月计算，不足 1 个月但超过 15 日的，按照 1 个月计算；不超过 15 日的，不予计算。

已进口时间的截止日期按以下规定确定，见表 2－20。

表 2－20　已进口时间截止日期的确定

相关情况	已进口时间的截止日期
经海关批准转让的	以海关接受申请办理补税手续之日为截止日期。
未经海关批准，擅自转让的	以货物实际转让之日为截止日期。 转让之日不能确定的，以海关发现之日为截止之日。
减免税申请人发生破产、撤销、解散或者其他依法终止经营情形的	以申请人破产清算之日或者被依法认定终止生产经营活动的日期为截止日期。

职业应用

外商投资企业 A 公司在我国东部地区进行飞机制造项目投资。经海关审定，该项目的减免税额度为 5000 万美元。该公司进口一套价值 200 万美元的飞机制造设备。2 年后，经海关批准折价 100 万美元转让给同样享受减免税的 B 企业（该公司的减免税额度为 3000 万美元）。在办理了海关转让手续后，根据规定 A 公司还有 4800 万美元的免税额度，B 公司还有 2900 万美元的免税额度。该设备的海关监管期限还有 3 年。这是因为已经使用的减免税额度不予恢复；机器设备的海关监管期限为 5 年。

【实战案例】

江苏南通海信风能设备制造公司因工厂技术改造需要，进口一套制造风电收缩盘的设备（一般机电产品，属于可申请减免税项目）。该公司委托上海永达进出口贸易有限公司签订购买协议，并办理所有的进口手续。

【案例操作】

永达贸易公司关务人员办理“减免税证明”需要实施如下操作：

1. 获取减免税海关手续办理权

（1）获取代理资格。要求海信公司出具“减免税手续办理委托书”；整理本公司的报关资格文件；向海关申请代理减免税海关手续办理资格。

（2）收集通关资料

2. 办理减免税备案手续

（1）预录入。在企业报关系统中预录入“减免税备案申请表”数据，并上传至海关H2000系统中。待海关发送确认回执后，打印纸质“减免税备案申请表”。

（2）现场交单。关务人员持下列单证向南通海关办理交单手续：

①纸质“减免税备案申请表”向上海海关申报；

②根据相关政策规定的享受进出口税收优惠政策资格的证明材料；

③本企业“营业执照”复印件。

操作提示：

海关受理申请并自受理之日起10个工作日内作出批准或者不予批准的审批决定。

因政策规定不明确或者涉及其他部门管理职责需与相关部门进一步协商、核实有关情况等原因在10个工作日内不能作出决定的，海关会书面向减免税申请人说明理由。并自情形消除之日起15个工作日内作出是否准予备案的决定。

（3）接受海关准予备案指令

3. 办理特定减免税审批手续

（1）预录入。在企业报关系统中预录入“进出口货物征免税申请表”数据，并上传至海关H2000系统中，待海关发送确认回执后，打印纸质“进出口货物征免税申请表”；

（2）现场交单。关务人员持下列单证向南通海关办理交单手续：

①常规单证：“进出口货物减免税申请表”正本和复印件、经预录入后打印的“海关进出口货物征免税备案登记表”正本、减免税申请人出具的“授权委托书”正本、“海关鼓励项目备案情况说明表”正本。

②享受进出口税收优惠政策资格的证明材料：“国家鼓励发展的内外资项目确认书”正本和复印件、“进口设备清单”（项目审批部门签章）正本和复印件。

③企业信息材料：“营业执照”复印件。

④产品介绍和生产工艺流程材料：项目所生产的产品介绍材料、项目的生产工序流程介绍、“进口设备清单”。

（3）获取免税证明。接到海关审批通过指令后，向海关业务现场领取“进出口货物征免税证明”。

模块三　进出口报关单填制

项目一　进出口货物报关单

【项目目标】

知识目标	1. 进出口货物报关单定义 2. 进出口货物报关单分类 3. 进出口货物报关单各联作用 4. 进出口货物报关单法律效力 5. 进出口货物报关单填制一般要求
能力目标	1. 分析需要分单、分项填报的项目 2. 摘录进出口货物报关单信息

【专业知识】

一、进出口货物报关单概述

1. 进出口货物报关单

进出口货物报关单是指进出口货物的收发货人或其代理人，按照海关规定的格式对进出口货物的实际情况做出的书面申明，以此要求海关对其货物按适用的海关制度办理报关手续的法律文书。报关单是海关依法监管货物进出口、征收关税、编制海关及其他事务的重要凭证。

小贴士

报关单既是海关对进出境货物实行监管的依据，也是对报关单位违法、违规行为进行处罚的依据。因此，报关员在填制时必须做到填报内容真实、准确。

2. 进出口货物报关单的分类

按货物的流向、表现形式和海关监管方式的不同，进出口货物报关单可分为以下几种类型，见表3－1。

表3－1　进出口货物报关单的分类

序号	类型	说　明
1	按进出口流向分	进口货物报关单
		出口货物报关单
2	按表现形式分	纸质报关单
		电子数据报关单
3	按适用性质分	进料加工进（出）口货物报关单
		来料加工及补偿贸易进（出）口货物报关单
		一般贸易及其他贸易进（出）口货物报关单

职业应用

加工贸易的料件进口和成品出口报关手续后，需要向海关申请签发下列报关单证明联：成品出口的出口退税证明联和出口收汇证明联，料件进口的付汇证明联，以及用于海关手册核销的海关核销联。

需要注意，海关签发报关单证明联应当在打印出的报关单证明联右下角规定处加盖已在有关部门备案的“验讫章”。进出口货物的收发货人、受委托的报关企业在申领报关单证明联、海关核销联时，应当提供海关要求的有效证明。

3. 进出口货物报关单法律效力

《海关法》规定：“进口货物的收货人、出口货物的发货人应当向海关如实申报，交验进出口许可证件和有关单证。”

进出口货物报关单及其他进出境报关单（证）在对外经济贸易活动中具有十分重要的法律效力，是货物的收、发货人向海关报告其进出口货物实际情况及适用海关业务制度、申请海关审查并放行货物的必备法律文书。它既是海关对进出口货物进行监管、征税、统计以及开展稽查、调查的重要依据，又是出口退税和外汇管理的重要凭证，也是海关处理进出口货物走私、违规案件及税务、外汇管理部门查处骗税、逃套汇犯罪活动的重要书证。因此，申报人对所填报的进出口货物报关单的真实性和准确性应承担法律责任。

业务链接

无纸化通关作业改革后报关单流转改革

1. 取消打印出口货物报关单证明联

2015 年 5 月 1 日以后出口的货物，海关不再签发纸质出口货物报关单证明联（出口退税专用），改由海关总署向国家税务总局传输出口报关单结关信息电子数据。

2. 无纸化改单和撤单规定

对已自行需要改单和撤单的，可通过中国电子口岸预录入系统“修撤单办理/确认”功能向海关办理报关单修改或者撤销手续。

对于海关发现报关单需要修改或者撤销的，海关通过预录入系统向当事人发起报关单修改或者撤销指令。当事人应通过预录入系统及时查询并在 5 日内向海关确认“同意办理”或者“不同意办理”的意见。

二、进出口货物报关单填制一般要求

进出境货物的收、发货人或其代理人向海关申报时，必须填写并向海关递交进出口货物报关单。申报人在填制报关单时，应当依法如实向海关申报，对申报内容的真实性、准确性、完整性和规范性承担相应的法律责任。报关单填制的一般要求，见表 3－2 所示。

表 3－2　报关单填制的一般要求

要点		具体要求
基本要求	如实申报	按照《海关法》、“货物申报管理规定”和“报关单填制规范”的有关规定和要求，向海关如实申报
	两个相符	报关单填制必须真实，做到“单证相符”，“单货相符”
	填表内容准确规范	内容要准确、齐全、完整、清楚、规范，不得用铅笔或红色复写纸填写 若有更正，必须在更正项目上加盖校对章
特殊处理要求	需要分单填报情况	不同批文或许可证以及不同合同的货物；同一批货物中不同贸易方式的货物；不同备案号的货物；不同提运单的货物；不同征免性质的货物；不同运输方式或相同运输方式但不同航次；不同运输工具名称的货物等
	需要分项填报情况	商品编号不同的商品信息；商品名称不同的商品信息；原产国（地区）/最终目的国（地区）不同的商品信息

职业应用

分析下列货物报关的分单业务是否正确。

（1）同一合同下分两个航班进境的货物需要分单分批、分单报关；

（2）同一批货柜中不同收货人的货物需要分单报关；

（3）同一个合同下，同批进口但需要不同许可证的货物需要分单报关；

（4）同一合同下，不同贸易方式的进口货物需要分单报关；

（5）同一批进口货物，发往不同的收货人需要分单报关。

【实战案例】

上海新时代进出口贸易公司从德国进口一批洗洁用品，进口货物报关单如下。

中华人民共和国海关进口货物报关单

预录入编号：　　　　海关编号：531620160420××××××

收发货人 18 位统一社会信用代码 深圳市新时代贸易有限公司	进口口岸 5316 大鹏海关	进口日期 20160330	申报日期 20160401

消费使用单位 18 位统一社会信用代码 桂林市××××生物科技有限公司	运输方式 水路运输	运输工具名称	提运单号 2214－02143－10

申报单位 91110113670×××××× 北京××××货运代理有限公司深圳分公司	监管方式 0110 一般贸易	征免性质 101 一般征税	备案号

贸易国（地区）110 香港	启运国（地区）304 德国	装货港 2110 汉堡	境内目的地 45039 桂林其他

许可证号	成交方式 FOB	运费 501/350/3	保费 501/75/3	杂费

合同协议号 2016SZ001Y	件数 3	包装种类 托盘	毛重（千克） 980	净重（千克） 912

集装箱号 CBHU3472255/20/2220	随附单证

标记唛码及备注

续表

项号	商品编号	商品名称、规格型号	数量及单位	原产国（地区）	单价	总价	币制	征免
1.	3402209000	洗洁精	1060 件 620 千克	德国	1.2	1272	欧元	照章征税
用途：洗涤用；是否零售包装：是；成分：有机表面活性剂，香精；品牌：FJTD；型号：无								
2.	3402209000	锅具清洁剂	180 件 52 千克	德国	1.5	270	欧元	照章征税
用途：洗涤用；是否零售包装：是；成分：有机表面活性剂，香精；品牌：FJTD；型号：无								
3.	3402209000	洁厕灵	190 件 152 千克	德国	0.8	152	欧元	照章征税
用途：清洁用；是否零售包装：是；成分：有机表面活性剂，香精；品牌：FJTD；型号：无								
4.	3402209000	洗衣液	150 件 88 千克	德国	2	300	欧元	照章征税
用途：洗涤用；是否零售包装：是；成分：有机表面活性剂，香精；品牌：FJTD；型号：无								
5.								

特殊关系确认：是　　价格影响确认：否　　支付特许权使用费确认：是

录入员　录入单位	兹申明对以上内容承担如实申报、依法纳税之法律责任	海关批注及签章
报关人员	申报单位（签章） 北京××××货运代理有限公司深圳分公司	

【案例操作】

阅读上述报关单，摘录其相关信息。

信息	相应内容	信息	相应内容
货物进口口岸	大鹏海关	货物的出口国	德国
收货单位	深圳市新时代贸易有限公司	申报单位	北京××××货运代理有限公司深圳分公司
运输方式	海运	海关监管方式	一般贸易
贸易国	香港	运输单据编号	2214－02143－10
货物最终目的地	桂林其他	货物成交方式	FOB

项目二 进出口货物报关单填制

【项目目标】

知识目标

1. 进出口货物报关单表头各栏目含义
2. 进出口货物报关单表头各栏目填制规范
3. 进出口货物报关单表体各栏目含义
4. 进出口货物报关单表体各栏目填制规范
5. 填制进出口货物报关单各类代码

能力目标

1. 查阅填制进出口货物报关单代码表
2. 填制进出口货物报关单表头栏目
3. 填制进出口货物报关单表体栏目

【专业知识】

一、进出口货物报关单表头栏目填制

1. 预录入编号

本栏目填报预录入报关单的编号，预录入编号规则由接受申报的海关决定。电子数据报关单的编号是由海关 H2000 系统自动生成。

2. 海关编号

本栏目填报海关接受申报时给予报关单的编号，一份报关单对应一个海关编号。

报关单海关编号为 18 位，其中：

第 1 ~4 位为接受申报海关的编号（海关规定的“关区代码表”中相应海关代码）；

第 5 ~8 位为海关接受申报的公历年份；

第 9 位为进出口标志（“1”为进口，“0”为出口；集中申报清单“I”为进口，“E”为出口）；

后 9 位为顺序编号。

职业应用

申报海关为天津海关（代码：0201），此报关为进口报关，进口年份为2016，顺序号为567356789，那么该报关单的海关编号为：020120161567356789。

3. 收发货人

本栏目填报在海关注册的对外签订并执行进出口贸易合同的中国境内法人、其他组织或个人的名称及编码。编码可选填18位法人和其他组织统一社会信用代码或10位海关注册编码任一项。

特殊情况下填制要求如表3－3所示。

表3－3　　收发货人栏目特殊情况填制要求

<table>
<tr><th>报关性质</th><th colspan="2">情　　形</th><th>填　　报</th></tr>
<tr><td rowspan="3">自理报关</td><td colspan="2">进出口货物合同的签订者和执行者非同一企业</td><td>执行合同企业的中文名称及编码</td></tr>
<tr><td rowspan="2">外商投资企业委托进出口企业</td><td>进口投资设备、物品</td><td>外商投资企业的中文名称及编码[1]</td></tr>
<tr><td>进口生产用原材料[2]</td><td>进出口企业及其海关代码</td></tr>
<tr><td rowspan="2">代理报关</td><td colspan="2">报关企业代理进出口企业办理进出口报关手续</td><td>委托方的中文名称及编码</td></tr>
<tr><td colspan="2">国内进出口企业之间相互代理进出口</td><td>代理方的中文名称及编码</td></tr>
</table>

备注：1. 在标记唛码及备注栏注明“委托某进出口企业进口”

2. 应视同一般委托

另外，使用海关核发的“中华人民共和国海关加工贸易手册”、电子账册及其分册（以下统称“加工贸易手册”）管理的货物，收发货人应与“加工贸易手册”的“经营企业”一致。

职业应用

类型	实际案例	“经营单位”栏应填报
一般进出口	上海城建局委托上海土产进出口公（3101915031）进口黄桐木材	上海土产进出口公司 3101915031
外商企业进口设备	上海协通针织公司（3101935039）委托上海机械（集团）进出口公司进口“圆形针织机5台”	上海协通针织公司 3101935039 并在“标记唛码及备注”栏注明“委托上海机械（集团）进出口公司进口”
外商企业进口原材料	上海协通针织公司（3101935039）委托上海圣峰进出口公司（3101753458）进口丙纶纤维	上海圣峰进出口公司 3101753458

4. 进口口岸/出口口岸

本栏目应根据货物实际进出境的口岸海关，填报海关规定的“关区代码表”[①] 中相应口岸海关的名称及代码。

特殊情况填报要求见表3-4。

表3-4　特殊情况下进出境口岸填报要求

相关情况		应填报的海关
转关运输货物	进口转关运输	进境地海关名称及代码
	出口转关运输	出境地海关名称及代码
转关运输方式监管的跨关区深加工结转货物	出口报关单	转出地海关名称及代码
	进口报关单	转入地海关名称及代码
不同海关特殊监管区域或保税监管场所之间调拨、转让的货物		对方特殊监管区域或保税监管场所所在地海关名称及代码
其他无实际进出境的货物		接受申报的海关名称及代码

职业应用

一般贸易的进口货物由天津新港进境，填报规范为

收发货人	进口口岸 新港海关　　0202	进口日期	申报日期

转关运输出口货物由上海吴淞出境，填报规范为

收发货人	出口口岸 吴淞海关　　2202	出口日期	申报日期

填写说明：填报内容为海关规定的口岸名称+关区代码

小贴士

若“关区代码表”中既有隶属海关名称及代码，又有直属海关名称及代码，应该填报隶属海关名称及代码；若“关区代码表”中只有直属海关名称及代码，则填报其直属海关名称及代码。

① “关区代码表”在教材配套学习资源库中，以下相同。

5. 进口日期/出口日期

进口日期填报运载进口货物的运输工具申报进境的日期。

出口日期填报运载出口货物的运输工具办结出境手续的日期，本栏目供海关签发打印报关单证明联用，在申报时免予填报。

无实际进出境的报关单填报海关接受申报的日期。

本栏目为8位数字，顺序为年（4位）、月（2位）、日（2位）。

职业应用

运输工具出境日期为2016年7月15日，应填写为：20160715。

出口货物报关单的填写如下：

收发货人	出口口岸	出口日期	申报日期
		20160715	

6. 申报日期

申报日期指海关接受进出口货物收发货人、受委托的报关企业申报数据的日期。

以电子数据报关单方式申报的，申报日期为海关计算机系统接受申报数据时记录的日期。以纸质报关单方式申报的，申报日期为海关接受纸质报关单并对报关单进行登记处理的日期。

申报日期为8位数字，顺序为年（4位）、月（2位）、日（2位）。本栏目在申报时免予填报，由海关H2000系统自动生成。

7. 消费使用单位/生产销售单位

本栏目填制规范，单位中文名称及编码，没有编码的应填报其中文名称。

小贴士

消费使用单位包括自行从境外进口货物的单位，以及委托进出口企业进口货物的单位等。

生产销售单位包括自行出口货物的单位，以及委托进出口企业出口货物的单位。

职业应用

如上海文峰实业公司（内贸企业，海关注册编码：3106374859）委托上海土产进出口公司（海关注册编码：3101915031）出口货物，生产销售单位填写如下：

生产销售单位 上海文峰实业公司 3106374859	运输方式	运输工具名称	提运单号

小贴士

编码填写应注意，可以是10位海关注册编码或18位法人和其他组织统一社会信用代码或加工企业编码。

另外，使用“加工贸易手册”管理的货物，本栏目与手册的“加工企业”一致；减免税货物报关单的消费使用单位/生产销售单位应与“征免税证明”的“减免税申请人”一致。

8. 运输方式

运输方式包括实际运输方式和海关规定的特殊运输方式，前者指货物实际进出境的运输方式，按进出境所使用的运输工具分类；后者指货物无实际进出境的运输方式，按货物在境内的流向分类。

本栏目填报规范为：运输方式名称或代码。

海关规定的主要运输方式规范名称及代码，如表3-5所示。

表3-5　运输方式代码表及说明

代码	名称	运输方式说明
0	非保税区	境内非保税区运入保税区货物和保税区退区货物
1	监管仓库	境内存入出口监管仓库和出口监管仓库退仓货物
2	水路运输	
3	铁路运输	
4	公路运输	
5	航空运输	
6	邮件运输	
7	保税区	保税区运往境内非保税区货物
8	保税仓库	保税仓库转内销货物
9	其他运输	其他境内流转货物，包括特殊监管区域内货物之间的流转、调拨货物，特殊监管区域、保税监管场所之间相互流转货物，特殊监管区域外的加工贸易余料结转、深加工结转、内销等货物

续表

代码	名称	运输方式说明
W	物流中心	从境内保税物流中心外运入中心或从中心运往境内中心外的货物
X	物流园区	从境内保税物流园区外运入园区或从园区内运往境内园区外的货物
Y 或 Z	保税港区/综合保税区或出口加工区	保税港区、综合保税区、出口加工区、珠澳跨境工业区（珠海园区）、中哈霍尔果斯边境合作区（中方配套区）等特殊区域与境内（区外）（非特殊区域、保税监管场所）之间进出的货物，区内、区外企业应根据实际运输方式分别填报，“保税港区/综合保税区”（代码 Y），“出口加工区”（代码 Z）
H	边境特殊海关作业区	境内运入深港西部通道港方口岸区的货物
T	综合试验区	经横琴新区和平潭综合实验区（以下简称综合试验区）二线指定申报通道运往境内区外或从境内经二线制定申报通道进入综合试验区的货物，以及综合试验区内按选择性征收关税申报的货物

职业应用

出口货物采用海运方式出运，则出口货物报关单的“运输方式”栏填报如下：

生产销售单位	运输方式 水路运输（或 2）	运输工具名称	提运单号

对于其他特殊情况和无实际进出境货物在境内流转的填制要求需要查阅《中华人民共和国海关进出口货物报关单填制规范》（以下简称《报关单填制规范》）的有关规定。

9. 运输工具名称

本栏目填报载运货物进出境的运输工具名称或编号。

小贴士

本栏目填报内容应与运输部门向海关申报的舱单（载货清单）所列相应内容一致。如果不一致会导致海关退单。

本栏目填报分直接进出境或采用区域一体化通关模式与转关运输两种情况。

直接进出境地或采用区域通关一体化通关模式办理报关手续的报关单填报要求如表3－6所示。

表 3－6　　直接进出境地或采用区域通关一体化通关模式下
“运输工具名称”栏目填报要求

序号	类型	填报规范
1	水路运输	填报船舶编号[1]或者船舶英文名称
2	公路运输[2]（未启用公路舱单）	填报该跨境运输车辆的国内行驶车牌号
		深圳提前报关模式的报关单填报国内行驶车牌号＋“/”＋“提前报关”
3	铁路运输	填报车厢编号或交接单号
4	航空运输	填报航班号
5	邮件运输	填报邮政包裹单号
6	其他运输	填报具体运输方式名称

备注1. 来往港澳小型船舶为监管簿编号
2. 启用公路舱单后，免于填报

转关运输货物本栏目填报要求请查阅《报关单填制规范》相关规定。

职业应用

某公司进口货物提单信息如下：

Shipper　＊＊＊　　B/L No. COSU34554730
Consignee　TO ORDER

Notify Party　＊＊＊
Ocean Vessel　　Voy No.　　Port of Loading
M/V COSCO HONGFENG　　V. 302N　　SANTOS BRAZILIAN PORT
Port of Discharge　　Port of Delivery
HONG KONG　　DALIAN CHINA
Particulars Furnished by the Merchant
Mark & Nos.　　Description of Goods　　Gross Weight
＊＊＊　　＊＊＊　　＊＊＊
2nd　Vessel: M/V COSCO HONGFENG V. 028N

进口报关单“运输工具名称”栏，应该填报

生产销售单位	运输方式	运输工具名称	提运单号
		COSCO HONGFENG/028N	

解析：从提单上可以看出装货港是巴西的 SANTOS BRAZILIAN PORT，卸货港是 HONG KONG，最终交货地是 DALIAN CHINA。头程船是 M/V COSCO HONGFENG V. 302N，二程船

是 M/V COSCO HONGFENG V.028N。

10. 航次号

本栏目填报载运货物进出境的运输工具的航次编号。

本栏目填报与“运输工具名称”栏目一样，分在进出境地或采用区域一体化通关模式、转关运输货物和无实际进出境三种情况。

对于直接进出境地或采用区域通关一体化通关模式本栏目填报要求，如表 3-7 所示。

表 3-7　直接进出境地或采用区域通关一体化通关模式下“航次号”填报要求

序号	类型	说　明
1	水路运输	填报船舶的航次号
2	公路运输[1] (未启用公路舱单)	启用公路舱单前，填报运输车辆的 8 位进出境日期〔顺序为年（4 位）、月（2 位）、日（2 位），下同〕。
3	铁路运输	填报列车的进出境日期
4	航空运输	免予填报
5	邮件运输	填报运输工具的进出境日期
6	其他运输方式	免予填报

备注：1. 启用公路舱单后，填报货物运输批次号

对于转关运输货物本栏目填报要求请查阅《报关单填制规范》相关规定。

对于无实际进出境的报关单，本栏目免予填报。

11. 提运单号

本栏目填报进出口货物提单或运单的编号。

一份报关单只允许填报一个提单或运单号；一票货物对应多个提单或运单时，应分单填报。

对于直接在进出境地或采用区域通关一体化通关模式本栏目填报要求，如表 3-8 所示。

表 3-8　直接在进出境地或采用区域通关一体化通关模式下“提运单号”填报要求

序号	类型	说　明
1	水路运输	填报进出口提单号。如有分提单的，填报进出口提单号 + “ * ” + 分提单号
2	公路运输	启用公路舱单前，免予填报；启用公路舱单后，填报进出口总运单号
3	铁路运输	填报运单号
4	航空运输	填报总运单号 + “_” + 分运单号，无分运单的填报总运单号
5	邮件运输	填报邮运包裹单号

对于转关运输货物本栏目填报要求请查阅《报关单填制规范》相关规定。

对于采用“集中申报”通关方式办理报关手续的，报关单填报归并的集中申报清单进

出口起止日期〔按年（4位）月（2位）日（2位）。

对于无实际进出境的，本栏目免予填报。

职业应用

例如，水路运输：进出口提单号（提单号 RNSL080827 + 分提单号 RNSL080899）。

生产销售单位	运输方式	运输工具名称	提运单号
			RNSL080827 * RNSL080899

12. 监管方式

本栏目应根据实际对外贸易情况，按海关规定的“监管方式代码表”选择填报相应的监管方式简称及代码。

一份报关单只允许填报一种监管方式。

特殊情况下加工贸易货物，如少量低值辅料（即5000美元以下，78种以内的低值辅料）的进口、外商投资企业为加工内销产品而进口的料件、加工贸易料件结转或深加工结转等9种情况的填报要求请查阅《报关单填制规范》相关规定。

小贴士

根据备案号的标示代码或企业的类型，可分析、判断进出口货物属于哪类海关的监管方式。

职业应用

天津中海实业有限公司（120722××××）在投资总额内进口泥浆泵，向海关申请取得Z02024A50706号征免税证明。泥浆泵随其他设备同批进口，单独向海关作出申报。

解析：根据备案号标识代码Z可以判断申报商品是特定减免税设备，而根据经营单位编码第6位是“2”，可以确定该企业是中外合作企业。那么，中外合作企业在投资总额内进口的设备物品的贸易方式应填“合资合作设备”或者“2025”。

假如上例中的经营单位编码改成120724××××（第6位由2改为4），表示该企业是外商独资企业，则该进口商品报关单贸易方式栏就应填写“外资设备物品”或者“2225”。

如果上例中的经营单位改成120721××××（第6位由2改为1），说明经营单位是国有企业（内资企业），则贸易方式应该为“一般贸易”或者“0110”。

13. 征免性质

本栏目应根据实际情况按海关规定的“征免性质代码表”选择填报相应的征免性质简称及代码。

“征免性质”栏填报的一般要求，如表3-9所示。

表 3-9　　“征免性质”栏填报要求

要点	填报要求	备　注
一单一性质	一份报关单只允许填报一种征免性质	涉及多个的，应分单填报
依证填报	按照海关核发的征免税证明中的批注的征免性质填报	无证明的，参照“征免性质代码表”填报
依册填报	按照海关核发的加工贸易手册中批注的征免性质填报	包括报税工厂经营的加工贸易

小贴士

持有海关核发的“征免税证明”的，应按照“征免税证明”中批注的征免性质填报。

另外，外商投资企业进口用于内销产品的料件填报“一般征税”；加工贸易转内销货物，按实际情况填报（如一般征税、科教用品、其他法定等）；加工贸易结转货物，本栏目免予填报。

职业应用

例如，征免性质：一般征税。

申报单位	监管方式	征免性质 一般征税（或 101）	备案号

14. 备案号

本栏目填报应向海关递交的备案审批文件的编号。

备案审批文件主要是指：加工贸易手册、加工贸易电子账册、征免税证明、实现联网核查的优惠贸易协定项下原产地证书、适用 ITA 税率的商品用途认定证明等。

小贴士

备案号的标记代码必须与“贸易方式”及“征免性质”栏目相协调，例如：贸易方式为来料加工，征免性质也应当是来料加工，备案号的标记代码应为“B”。

本栏目份 4 种情况填报：加工贸易项下货物，涉及征、减、免税备案审批货物，涉及优惠贸易协定项下实行原产地证书联网管理，减免税货物退运出口货物。具体的填报查阅《报关单填制规范》相关规定。无备案的本栏目免于填写，一份报关单只允许填报一个备案号。

备案号为12位字符，其中第1位是标记代码。备案号的字头标记代表的备案或审批文件对应关系，如表3－10所示。

表3－10　　备案号字头标记码与备案或审批文件对照表

首位字母	备案或审批文件	首位字母	备案或审批文件
B	加工贸易手册（来料加工）	RZ	减免税进口货物结转联系函
C	加工贸易手册（进料加工）	H	出口加工区电子账册
D	加工贸易不作价设备	J	保税仓库记账式电子账册
E	加工贸易电子账册	K	保税仓库备案式电子账册
F	加工贸易异地报关分册	Y	原产地证书
G	加工贸易深加工结转异地报关分册	Z	征免税证明
RT	减免税进口货物同意退运证明	RB	减免税货物补税通知书

职业应用

备案号	表示文件	备案号	表示文件
B21018496821	来料加工手册编号	C50130395296	进料加工手册编号
Y22000247291	原产地证书编号	Z42180785424	免税证明书编号

15. 贸易国（地区）

本栏目填报对外贸易中与境内企业签订贸易合同的外方所属的国家（地区）。进口填报购自国，出口填报售予国。未发生商业性交易的填报货物所有权拥有者所属的国家（地区）。

本栏目按海关规定的“国别（地区）代码表”选择填报相应的贸易国（地区）或贸易国（地区）中文名称及代码。

无实际进出境的，填报“中国”（代码142）。

职业应用

特殊情况填报案例。

案　　例	填报	理　　由
国内工厂将综保区内仓储内货物申报进口（即二线进口），货物是从其他国家买进	中国	货物进入综保区内时，填报了贸易国，在从综保区内进入国内时，无实际进出境
国内企业跟香港企业签订了贸易合同，货物是从法国运入我国	香港	国内企业跟香港企业签订了贸易合同

16. 启运国（地区）/运抵国（地区）

启运国（地区）是指进口货物启始发出直接运抵我国的国家或地区，或者在运输中转国（地）未发生任何商业性交易的情况下运抵我国的国家或地区。

运抵国（地区）是指出口货物离开我国关境直接运抵的国家或地区，或者在运输中转国（地区）未发生任何商业性交易的情况下最后运抵的国家或地区。

小贴士

经过第三国（地区）转运的进出口货物，如在中转国（地区）发生商业性交易，则以中转国（地区）作为启运/运抵国（地区）。

本栏目填报启运国（地区）或运抵国（地区）中文名称及代码。

无实际进出境的，填报“中国”（代码142）。

职业应用

启运国（地区）、抵运国（地区）填报分析。

分类	案 例	起运国（地区）	运抵国（地区）
直接运输	天津某公司进口的一船小麦从西雅图装运直接运抵我国	美国	—
	上海某服装公司出口的一批童装从上海港直接运抵横滨	—	日本
中转但没有发生买卖	上海某进出口公司进口的1500台日本理光复印机从横滨启运经香港中转运抵境内	日本	—
	广州某电子有限公司出口的1万台手机经香港中转运至日本大阪	—	日本
中转且发生买卖	上海某进出口公司与香港某公司签约进口的1500台日本理光复印机从横滨启运经香港中转运抵境内	香港	—
	广州某电子有限公司与香港某公司签约出口的1万台手机经香港中转运至日本名横滨	—	香港

17. 装货港/指运港

装货港填报进口货物在运抵我国关境前的最后一个境外装运港。

指运港填报出口货物运往境外的最终目的港；最终目的港不可预知的，按尽可能预知的目的港填报。

本栏目填报相应的港口中文名称及代码。

无实际进出境的，本栏目填报“中国境内”（代码142）。

职业应用

（1）如果出口货物的抵运地为美国纽约，则“指运港”栏的填报如下

贸易国（地区）	运抵国（地区）	指运港	境内货源地
	美国（或502）	纽约（或3166）	

（2）如果进口货物的装货港为德国汉堡，则“装货港”栏填报如下

贸易国（地区）	启运国（地区）	装货港	境内目的地
	德国（或304）	汉堡（或2110）	

18. 境内目的地/境内货源地

境内目的地填报已知的进口货物在国内的消费、使用地或最终运抵地，其中最终运抵地为最终使用单位所在的地区。最终使用单位难以确定的，填报货物进口时预知的最终收货单位所在地。

境内货源地填报出口货物在国内的产地或原始发货地。出口货物产地难以确定的，填报最早发运该出口货物的单位所在地。

本栏目填报相应的国内地区名称及代码。

职业应用

一票货源来自浙江富阳地区，则“境内货源地”填报如下

贸易国（地区）	运抵国（地区）	指运港	境内货源地
			浙江其他（33909）

19. 许可证号

本栏目填报以下许可证的编号：进（出）口许可证、两用物项和技术进（出）口许可证、两用物项和技术出口许可证（定向）、纺织品临时出口许可证。

一份报关单只允许填报一个许可证号。

职业应用

如果出口货物的许可证号为16－AB－100358，则出口货物报关单“许可证号”栏填报如下

许可证号	成交方式	运费	保费	杂费
16－AB－100358				

20. 成交方式

本栏目应根据进出口货物实际成交价格条款，按海关规定的“成交方式代码表”选择填报相应的成交方式代码。

无实际进出境的报关单，进口填报 CIF，出口填报 FOB。

职业应用

如果在国际贸易中，出口货物是以 FOB 价格成交的，则“成交方式”栏填报如下

许可证号	成交方式	运费	保费	杂费
	FOB（或 3）			

业务链接

贸易术语与“成交方式”对应关系

值得注意的是，报关单填制中的诸如“CIF”、“CFR”、“FOB”等成交方式是中国海关规定的“成交方式代码表”中所指定的成交方式，与《2010 年通则》中的贸易术语内涵并非完全一致。这里的“CIF”、“CFR”、“FOB”并不仅限于水路而适用于任何运输方式，主要体现成本、运费、保险费等成交价格构成因素，目的在于方便海关税费的计算。

《2010 年通则》11 种贸易术语与报关单“成交方式”栏一般对应关系如下：

术语	EXW	FCA	FAS	FOB	CFR	CPT	CIF	CIP	DAT	DAP	DDP
成交方式	FOB				CFR		CIF				

21. 运费

本栏目填报进口货物运抵我国境内输入地点起卸前的运输费用，出口货物运至我国境内输出地点装载后的运输费用。

运费可按运费单价、总价或运费率三种方式之一填报，注明运费标记（运费标记“1”表示运费率，“2”表示每吨货物的运费单价，“3”表示运费总价），并按海关规定的“货币代码表”选择填报相应的币种代码。

不同价格条件下“运费”栏填报要求，如表 3－11 所示。

表 3－11　　不同价格条件下“运费”栏填报要求

进口/出口	填报要求	填报目的
进口货物（FOB 价格成交）	运抵我国境内输入地点起卸前的运输费用	计算完税价格
出口货物（CIF、CFR 价格成交）	运至我国境内输出地点装载后的运输费用	在完税价格中扣除

运费按费率、单价和总价有三种表示方式，各种表示方式的填报规范，如表3-12所示。

表3-12　不同表示方式下“运费”栏填报要求

运费表示方式	标记代码	填报规范	实例	
			例子	填报内容
运费率	1	运费率/1	运费率为货价的4%	4/1
运费单价	2	货币代码/运费单价/2	运费为30美元/公吨	502/30/2
运费总价	3	货币代码/运费总价/3	运价为5000元人民币	142/5000/3

职业应用

实际情况	报关单“运费”栏填报内容
出口货物以FOB价格成交，国际运输的运费率为5%	无需填报
进口货物以FOB价格成交，国际运输的单价为50美元/公斤	502/50/2
出口货物以CIF价格成交，国际运输费用为10000美元	502/10000/3

22. 保费

本栏目填报进口货物运抵我国境内输入地点起卸前的保险费用，出口货物运至我国境内输出地点装载后的保险费用。

保费可按保险费总价或保险费率两种方式之一填报，注明保险费标记（保险费标记“1”表示保险费率，“3”表示保险费总价），并按海关规定的“货币代码表”选择填报相应的币种代码。

职业应用

（1）如果保险费率为0.3%，则“保费”栏填写如下：

许可证号	成交方式	运费	保费	杂费
			0.3/1	

（2）如果保险费为10000元人民币，则“保费”栏填写如下：

许可证号	成交方式	运费	保费	杂费
			142/10000/3	

23. 杂费

本栏目填报成交价格以外的、按照《进出口关税条例》相关规定应计入完税价格或应从完税价格中扣除的费用。可按杂费总价或杂费率两种方式之一填报，注明杂费标记（杂费标记“1”表示杂费率，“3”表示杂费总价），并按海关规定的“货币代码表”选择填报相应的币种代码。

“杂费”栏填报要求，如表 3－13 所示。

表 3－13　“杂费”栏填报要求

要　点	填报要求	备注或列举
正值或正率/负值或负率	应计入完税价格的杂费填报为正值或正率	应计入完税价格的 400 元，则计“400”
	应从完税价格中扣除的杂费填报为负值或负率	在完税价格中扣除 1% 的佣金，则计“－1”
杂费标记	杂费率用“1”表示	杂费率/1，如－0.4/1 表示扣除 0.4 的杂费率；0.4/表示加入 0.4 杂费率
	杂费总价用“3”表示	货币代码/杂费总价/3，如 303/500/3 表示杂费总价为 500 英镑

职业应用

如果计入完税价格的杂费总价为 600 英镑，则“杂费”栏填报如下。

许可证号	成交方式	运费	保费	杂费
				303/600/3

业务链接

运费、保费、杂费填写列表

项　目	费率（1）	单价（2）	总价（3）
运费	5%→5/1	USD50/MT→502/50/2	HKD5000→110/5000/3
保费	0.27%→0.27/1		EUR5000→300/5000/3
杂费（计入）	1%→1/1		GBP5000→303/5000/3
杂费（扣除）	1%→－1/1		JPY5000→116/－5000/3

24. 合同协议号

本栏目填报进出口货物合同（包括协议或订单）编号。

未发生商业性交易的免予填报。

25. 件数

本栏目填报有外包装的进出口货物的实际件数。特殊情况填报要求如下：

（1）舱单件数为集装箱的，填报集装箱个数。

（2）舱单件数为托盘的，填报托盘数。

本栏目不得填报为零，裸装货物填报为“1”。

26. 包装种类

本栏目应根据进出口货物的实际外包装种类，按海关规定的“包装种类代码表”选择填报相应的包装种类代码。

职业应用

根据报关相关单证的件数、包装信息，分析报关单相关栏目的填写内容。

相关单证信息内容	包装种类	件数
PACKED IN 22 CTNS	纸箱	22
2Units & 4 Cartons［表明共有 2 个计件单位（辆、台、件等）和 4 个纸箱］	件[1]	6
TOTAL PACKED IN 200 CARTONS ONLY	纸箱	200
TOTAL FIVE（5）WOODEN CASES ONLY	木箱	5

备注：1. 类似这种情况，包装种类统称为“件”

归纳：本栏目应根据进出口货物的实际外包装种类，选择填报相应的包装种类，如木箱、纸箱、铁桶、散装、裸装、托盘、包、捆、袋等。

27. 毛重（千克）

本栏目填报进出口货物及其包装材料的重量之和，计量单位为千克，不足一千克的填报为“1”。

28. 净重（千克）

本栏目填报进出口货物的毛重减去外包装材料后的重量，即货物本身的实际重量，计量单位为千克，不足一千克的填报为“1”。

职业应用

所申报货物的毛重为 6224.23 千克，净重 5446.32345 千克，填报规范如下：

合同协议号	件数	包装种类	毛重（千克）	净重（千克）
			6224.2300	5446.3234

29. 集装箱号

本栏目填报装载进出口货物（包括拼箱货物）集装箱的箱体信息。

一个集装箱填一条记录，分别填报集装箱号（在集装箱箱体上标示的全球唯一编号）、集装箱的规格和集装箱的自重。非集装箱货物填报为“0”。

职业应用

装载出口货物为3个20'，箱号CBHU3472255、CBHU5621445，CRXU6908035自重为2220的集装箱，其“集装箱号”等栏填报如下：

集装箱号 CBHU3472255/20/2220	随附单证
标记唛码及备注 CBHU5621445/20/2220 CRXU6908035/20/2220	

30. 随附单证

本栏目根据《监管证件代码表》选择填报除本《报关单填制规范》第十八条规定的许可证件以外的其他进出口许可证件或监管证件代码及编号。

本栏目分为随附单证代码和随附单证编号两栏，其中代码栏应按海关规定的“监管证件代码表”选择填报相应证件代码；编号栏应填报证件编号。

（1）加工贸易内销征税报关单，随附单证代码栏填写“c”，随附单证编号栏填写海关审核通过的内销征税联系单号。

（2）优惠贸易协定项下进出口货物。有关优惠贸易协定下报关单填制要求需要查阅海关对外公布的相关公告。

小贴士

在报关实务中，随附单据是指除报关单以外其他需要向海关提交的报关单证，如商业发票、装箱单、运输单据和各种海关监管证件等。但此栏应该填报仅指进出口许可证以外的监管证件。

31. 标记唛码及备注

标记唛码是指货物的运输标志。备注是指填写报关单时需要备注的事项，包括关联备案号、关联报关单号，以及其他需要补充或特别说明的事项。

本栏分“标记唛码”和“备注”两项。

（1）货物标记唛码中除图形以外的文字、数字，填报在本栏“标记唛码”项；

（2）受外商投资企业委托代理其进口投资设备、物品的填写实际进出口企业名称；

（3）申报货物涉及多个监管证件，填除第一个监管证件外的其余证件号，格式：监管证件代码 + “:” + 证件编号；

（4）申报货物涉及多个集装箱，填除第一个集装箱号以外的其余集装箱号，格式：集装箱号 + “/” + 规格 + “/” + 自重。

其他需要备注的情况填报要求请查阅《报关单填制规范》。

二、标体栏目填制规范

32. 项号

本栏目分两行填报及打印。第一行填报报关单中的商品顺序编号；第二行专用于加工贸易、减免税等已备案、审批的货物，填报和打印该项货物在“加工贸易手册”或“征免税证明”等备案、审批单证中的顺序编号。

小贴士

如果报关单所报申报的属于一般进出口货物，且“备案号”为空时，此栏的第2行为空。

业务链接

加工贸易项下进出口报关单第2行填报要求

进出口情况		填报
深加工结转货物		“加工贸易手册”中进口料件项号和出口成品项号
料件结转货物[1]	出口报关单	“加工贸易手册”中进口料件的项号
	进口报关单	“加工贸易手册”中进口料件的项号
料件复出货物	出口报关单	“加工贸易手册”中进口料件的项号
料件退换货物[2]	进出口报关单	“加工贸易手册”中进口料件的项号
成品退换货物	退运进境报关单和复出境报关单	“加工贸易手册”原出口成品的项号
加工贸易料件转内销货物	进口报关单	“加工贸易手册”进口料件的项号

备注：1. 含按料件办理进口手续的转内销制成品、半成品、残次品

2. 如边角料或副产品对应一个以上料件项号时，填报主要料件项号

其他加工贸易的情况的填报请查阅《报关单填制规范》相关规定。

职业应用

"项号"填报实例。

实　例	填　报
此报关单属于在加工贸易项目下成品出口，共有2件商品出口，第1件在"加工贸易手册"中的商品顺序号为04；第2件商品在"加工贸易手册"中的顺序号为06。	项号 01 04 02 06
此报关单属于一般贸易进口的减免税货物，共有2件商品，第1件在"征免税证明"中的商品顺序号为05；第2件商品在"征免税证明"中的商品顺序号为02。	项号 01 05 02 02

33. 商品编号

本栏目填报的商品编号由10位数字组成。前8位为《中华人民共和国进出口税则》确定的进出口货物的税则号列，同时也是《中华人民共和国海关统计商品目录》确定的商品编码，后2位为符合海关监管要求的附加编号。

34. 商品名称、规格型号

商品名称，即商品品名；规格型号是指反映商品性能品质和规格的一系列指标。

商品名称一般取自主要用途、主要材料、主要成分或者商品的外观、工艺等。在报关单中，商品名称是指进出口商品的规范中文名称。商品的规格可以用品牌、等级、成分、含量、纯度、大小、长短、粗细等指标反映。

本栏目分两行填报及打印。第一行填报进出口货物规范的中文商品名称，第二行填报规格型号。

需要特别指出：报关单中填报的商品名称、规格应该符合海关制定的《申报规范目录》中关于申报商品品名、规格的要求。

业务链接

申报要素

海关为了规范商品名称和规格型号的填报工作，制定了"规范申报目录"对于不同商品编码下的货物规定了申报要素。进出口货物收发货人或其代理人，在填报"商品名称、规格型号"栏目时，应根据"规范申报目录"中所列商品的申报要求的内容进行填报。

规范申报目录规定的申报要素列举如下。

商品编码[1]	申报要素
04.03	1. 品名；2. 加工方法；3. 包装；4. 品牌
29.41	1. 品名；2. 包装；3. 成分；4. 含量
36.06	1. 品名；2. 用途；3. 包装容器的容积
44.03	1. 品名；2. 种类；3. 加工方法；4. 直径；5. 长度
90.20	1. 品名；2. 用途；3. 品牌；4. 原理；5. 功能；6. 型号

备注：1. 商品编码的含义，如“04.03”，“04”表示此商品编码在商品编码的第 4 章，“03”表示此商品编码在商品编码的第 3 节。“04.03”则表示此商品在商品编码中属于第 4 章第 3 节的商品。

职业应用

“商品名称、规格型号”栏填制规范样式

商品名称、规格型号	
男式内衣	（第一行，规范的中文名称）
100%棉 针织	（第二行，规格型号）

商品名称、规格型号	
棕榈仁油	（第一行，规范的中文名称）
H2100G，氢化，游离脂肪酸 0.014%	（第二行，规格型号）

商品名称、规格型号	
发动机专用法兰	（第一行，规范的中文名称）
F01M 100 031	（第二行，规格型号）

小贴士

一般来说，报关单上的“商品名称、规格型号”的信息都会出现在商业发票中，大都在发票的“Description of Goods”、“Product and Description”、“Goods Description”或者“Quantities and Description”栏中会有具体描述。

35. 数量及单位

数量是指进出口商品的实际数量。单位分为成交计量单位和海关法定计量单位。

海关法定计量单位以“统计商品目录”中规定的计量单位为准。海关法定计量单位又分为海关法定第一计量单位和海关法定第二计量单位。

本栏目最多分三行填报及打印。本栏填报不能空缺或填写“0”。

第 1 行填报法定第 1 计量单位及数量，第 2 行填报法定第 2 计量单位及数量（凡列明有法定第 2 计量单位的），无法定第 2 计量单位的本栏目第 2 行为空。成交计量单位及数量应填报并打印在第 3 行。

小贴士

如果法定计量单位与成交计量单位一致的，直接采用成交计量单位；如果法定计量单位与成交计量单位不一致的，则以发票或装箱单的计量单位为基础，与“进出口税则”标注在商品编号后的计量单位进行换算后得到。

职业应用

典型的“数量及单位”填报情形。

商品名称、规格型号	数量及单位
棕榈仁油	10000 千克（第一行，法定第一计量单位及数量）
H2100G，氢化，游离脂肪酸 0.014%	

商品名称、规格型号	数量及单位
指示灯（风光二极管）	15000 个（第一行，法定第一计量单位及数量）
IC ARISTEL - A - S6A	3 千克（第二行，法定第二计量单位及数量）

商品名称、规格型号	数量及单位
男式内衣	122640 件（第一行，法定第一计量单位及数量）
100% 棉 针织	1042 千克（第二行，法定第二计量单位及数量）
	10220 打 （第三行，成交计量单位及数量）

36. 原产国（地区）/最终目的国（地区）

原产国（地区）是指《原产地条例》等法规和规章确定货物的原产地。

最终目的国（地区）填报已知的进出口货物的最终实际消费、使用或进一步加工制造国家（地区）。

同一批进口货物的原产地不同的，应分别填报原产国（地区）。进口货物原产国（地区）无法确定的，填报“国别不详”（代码 701）。

不经过第三国（地区）转运的直接运输货物，以运抵国（地区）为最终目的国（地区）；经过第三国（地区）转运的货物，以最后运往国（地区）为最终目的国（地区）。同一批出口货物的最终目的国（地区）不同的，应分别填报最终目的国（地区）。以尽可能预知的最后运往国（地区）为最终目的国（地区）。

本栏目应按海关规定的“国别（地区）代码表”选择填报相应的国家（地区）名称及代码。

小贴士

对经过几个国家或地区加工制造的进口货物，以最后一个对货物进行经济上可以视为实质性加工的国家或地区作为该货物的原产国（地区）。

职业应用

某一件商品的原材料产自日本，元器件从美国购买，最后在台湾组装成出口产品，则此货物进口报关单的“原产国（地区）”栏目应填写“台湾”。

由于进出口货物的情况极其复杂，不同情况本栏目的填报要求也会有所区别。

业务链接

特殊加工贸易报关单情况填报要求

货物情况		项目	填报内容
料件结转	转进	原产国（地区）	原进口料件生产国（地区）
	转出	最终目的国（地区）	中国
深加工结转	转进	原产国（地区）	中国
	转出	最终目的国（地区）	
料件退运	复运出境	最终目的国（地区）	实际最终目的国（地区）
成品退运	退运境内	原产国（地区）	中国
	复运出境	最终目的国（地区）	实际最终目的国（地区）
出口加工区运往区外	未经加工的进口货物	原产国（地区）	按原来实际填报
	经过加工的成品或半成品	原产国（地区）	按现行原产地规则确定

续表

货物情况		项目	填报内容
区外运入出口加工区	出口报关单	最终目的国（地区）	中国
加工贸易货物转内销	剩余料件内销	原产国（地区）	原实际生产国（地区）
	成品转内销		中国

不同情况“最终目的国（地区）”栏填写的处理方法。

情况	最终目的国（地区）填报
已经确定货物最终消费、使用或进一步加工制造国家（地区）	确定的国家（地区）
不经过第三国（地区）转运的直接运输货物	运抵国（地区）
同一批出口货物的最终目的国（地区）不同的	分别填报最终目的国（地区）
出口货物不能确定最终目的国（地区）	预知的最后运往国（地区）

37. 单价

本栏目填报同一项号下进出口货物实际成交的商品单位价格。无实际成交价格的，本栏目填报单位货值。

38. 总价

本栏目填报同一项号下进出口货物实际成交的商品总价格。无实际成交价格的，本栏目填报货值。

39. 币制

本栏目应按海关规定的“货币代码表”选择相应的货币名称及代码填报，如“货币代码表”中无实际成交币种，需将实际成交货币按申报日外汇折算率折算成“货币代码表”列明的货币填报。

40. 征免

本栏目填报海关核发的“征免税证明”或有关政策规定，对报关单所列每项商品选择海关规定的《征减免税方式代码表》中相应的征减免税方式填报。

加工贸易货物报关单应根据“加工贸易手册”中备案的征免规定填报；“加工贸易手册”中备案的征免规定为“保金”或“保函”的，应填报“全免”。

41. 特殊关系确认

本栏目填写“是”或“否”。

根据《中华人民共和国海关审定进出口货物完税价格办法》（以下简称《审价办法》）第十六条，确认进出口行为中买卖双方存在特殊关系情况应填报“是”，反之则填报“否”。

42. 价格影响确认

本栏目填写“是”或“否”。

如果买卖双方存在特殊关系，却又不能证明成交价格与“审价办法”第十七条所列的价格相近的，本栏目应填报“是”，反之则填报“否”。

职业应用

某公司为国外总公司在国内的全资公司，双方有特殊关系存在，但是对进口货物的价格并没有构成影响，该如何勾选“价格影响确认”栏目？

应将成交价格与以下任何一款价格进行比较：

（1）向境内无特殊关系的买方出售的相同或者类似进出口货物的成交价格；

（2）按照“审价办法”倒扣价格估价方法的规定所确定的相同或者类似进出口货物的完税价格；

（3）按照“审价办法”计算价格估价方法的规定所确定的相同或者类似进出口货物的完税价格。

如果能证明其成交价格与上述价格相近的，视为特殊关系未对进出口货物的成交价格产生影响，在本栏目填报“否”，反之填报“是”。

纳税义务人需留存做出有关判断的相关资料。

43. 支付特许权使用费确认

本栏目填写“是”或“否”。

如果进出口行为中买方存在向卖方或者有关方直接或者间接支付特许权使用费的，在本栏目应填报“是”，反之则填报“否”。

小贴士

特许权使用费是指进出口货物的买方为了取得知识产权权利人及权利人有效授权人关于专利权、商标权、专有技术、著作权、分销权或者销售权的许可或者转让而支付的费用。

职业应用

（1）一份报关单里有多种品牌商品，但其中只有1项商品有支付特许权使用费，该如何勾选？

买方存在需向卖方或者有关方直接或者间接支付特许权使用费的，并且符合“审价办法”第十三条的，在本栏目应填报“是”。同时，可在报关单“备注栏”中注明相应品牌、项号。

（2）如果在贸易合同上没有标明该项费用，但是企业的确有支付特殊使用权的记录（即分为两份合同），应该填“是”还是“否”？

买方存在需向卖方或者有关方直接或者间接支付特许权使用费的，并且符合“审价办法”第十三条的，在本栏目应填报“是”。

44. 版本号

本栏目填报“加工贸易手册”中备案的成品单耗版本号。本栏目适用加工贸易货物出口报关单。

45. 货号

本栏目填写“加工贸易手册”中备案的料件、成品货号。本栏目适用加工贸易货物进出口报关单。

46. 录入员

本栏目填写预录入操作人员的真实姓名。

47. 录入单位

本栏目填写预录入单位名称（全称）。

48. 海关批注及签章

本栏目供海关作业时签注。报关人员不需要填写。

【实战案例】

报关单填制题

上海申华进出口有限公司（经营单位代码3103567788）以一般贸易的方式，向泰国某贸易公司出口一批设备，商品的申报名称为“电梯控制柜 ELEVATOR CONTROL CABINET”，成交方式：CIF。货物由上海爱明设备厂生产，地点：上海浦东新区（31222）。经业务员查询，该货物的 HS 编码为：8537109010；第一法定计量单位为个，第二法定计量单位为千克。货物于 2016 年 6 月 29 日通过编号为 029798251 的预录入报关单向吴淞海关（2202）申报出口。结汇方式：电汇。合同协议号：IEB150123。预录入编号：029798251，海关编号：220220150525268109。

另外，运输单据显示承运船舶的船名航次为：SITC BANKOK/001S，货物装集装箱，箱号为 TCKU9009102。船公司预配提单号为 SHACB521668106。

以上海华发国际货运有限公司的名义填制此票货物的报关单（填制要求：与海关 H2000 系统上打印出来的报关单相一致）。

补充资料：运费 30 美元，货物的运输保险费为 4 美元

件数：2 木箱，毛重（千克）300，净重（千克）240

代码资料：水路运输 2；一般贸易 0110；一般征税 101；泰国 136；曼谷 1497；美元 502

报关单位：上海华发国际货运有限公司

本批货为拼箱货，集装箱箱型为 20 英尺箱，箱重 2280KGS。

商业发票
COMMERCIAL INVOICE

<table>
<tr><td colspan="2" rowspan="2">1. 出口商 EXPORTER
SHANGHAI SHENHUA IMP. & EXP. CO. , LTD.
180 RENMIN ROAD SHANGHAI 200003, CHINA
TEL: 0086 - 021 - 63524756
FAX: 0086 - 021 - 63524757</td><td colspan="3">4. 发票日期和发票号 INVOICE DATE AND NO.
20160625 15001036</td></tr>
<tr><td colspan="2">5. 合同号 CONTRACT NO.
IEB150123</td><td>6. 信用证号 L/C NO.</td></tr>
<tr><td colspan="2" rowspan="2">2. 进口商 IMPORTER
E - BANKOK CO. , LTD.
111/87 SIKUN DONMUANG BANGKOK 10210 BANGKOK BKK 10210 THAILAND
TEL: 66 - 2 - 928 - 3244
FAX: 66 - 2 - 565 - 9269</td><td colspan="3">7. 原产地国 COUNTRY/REGION OF ORIGIN
CHINA</td></tr>
<tr><td colspan="3">8. 贸易方式 TRADE MODE
ORDINARY TRADE</td></tr>
<tr><td colspan="2">3. 运输事项 TRANSPORT DETAILS
FROM SHANGHAI CHINA TO BANGKOK THAILAND</td><td colspan="3">9. 交货和付款条款 TERMS OF DELIVERY AND PAYMENT
CIF BANGKOK
T/T</td></tr>
<tr><td>10. 运输标志和集装箱号
SHIPMENT MARKS; CONTAINER NO.</td><td>11. 包装类型及件数；商品编码；商品描述
NUMBER AND KIND OF PACKAGES; COMMODITY NO. ; COMMODITY DESCRIPTION</td><td>12. 数量
QUANTITY</td><td>13. 单价
UNIT PRICE</td><td>14. 金额
AMOUNT</td></tr>
<tr><td>EBCL
15001036
BANGKOK
C/NO. 1 - 2</td><td>ELEVATOR CONTROL CABINET</td><td>2PCS</td><td>USD2000. 00</td><td>USD4000. 00</td></tr>
<tr><td colspan="5">15. 总值（用数字和文字表示）TOTAL AMOUNT (IN FIGURE AND WORD)
TOTAL: USD4000. 00
TOTAL AMOUNT: SAY U. S. DOLLARS FOUR THOUSAND ONLY</td></tr>
<tr><td colspan="2"></td><td colspan="3">16. 出口商签章
EXPORTER STAMP AND SIGNATURE

SHANGHAI SHENHUA IMP. & EXP. CO. , LTD.

潘瑜奇</td></tr>
</table>

【案例操作】

中华人民共和国海关出口货物报关单

预录入编号：　029798251　　　　　　　　　　　　海关编号：220220150525268109

收发货人 上海申华进出口有限公司 3103567788	出口口岸 吴淞海关　　2202	出口日期 20160630	申报日期 20160629
生产销售单位 上海申华实业有限公司 3103567788	运输方式 水路运输 2	运输工具名称 SITC BANKOK/001S	提运单号 SHACB521668106
申报单位 上海华发货运代理有限公司 310××××××××××××××××	监管方式 一般贸易 0110	征免性质 一般征税 101	备案号

贸易国（地区） 泰国 136	运抵国（地区） 泰国 136	指运港 曼谷 1497	境内货源地 上海浦东新区 31222

许可证号	成交方式 CIF	运费 502/30/3	保费 502/4/3	杂费
合同协议号 IEB150123	件数 2	包装种类 木箱	毛重（千克） 300	净重（千克） 240
集装箱号 TCKU9009102/20/2220	随附单证			

标记唛码及备注

项号	商品编号	商品名称、规格型号	数量及单位	最终目的国（地区）	单价	总价	币制	征免
01	8537109010	电梯控制柜 ELEVATOR CONTROL CABINET	2 个 240 千克 2 个	泰国 （136）	2000	4000. 00	USD 美元	照章征税
					用途：			

特殊关系确认：　否　　　　　　　　　　　　　　价格影响确认：否

支付特许权使用费确认：否

录入员　　录入单位	兹申明对以上内容承担如实申报、依法纳税之法律责任	海关批注及签章
报关人员	申报单位（签章） 上海华发货运代理有限公司	

模块四 进出口商品报检操作

项目一 出入境报检一般规定

【项目目标】

知识目标	1. 出入境检验检疫工作作用和内容 2. 出境报检分类 3. 出境报检时限和地点 4. 出境报检一般操作流程 5. 入境报检分类 6. 入境报检时限和地点 7. 入境报检一般操作流程
能力目标	1. 分析检验检疫机构的工作任务 2. 设计入境货物报检操作流程 3. 设计出境货物报检操作流程

【专业知识】

一、出入境检验检疫与报检

1. 出入境检验检疫概述

出入境检验检疫是指检验检疫机构依照法律、行政法规及国际惯例的要求，对出入境货

物、交通运输工具、人员等进行检验检疫、认证及签发官方检验检疫证明等监督管理工作。在我国现行的出入境检验检疫管理制度体制下，中国国家质量监督检验检疫总局（简称国家质检总局）是检验检疫的主体，即负责全国的检验检疫的监督管理。国家质检总局是国务院主管全国质量、计量、出入境商品检验、出入境卫生检疫、出入境动植物检疫、进出口食品安全和认证认可、标准化等工作，并行使行政执法职能的直属机构。

出入境检验检疫工作作用的具体内容见表 4 – 1。

表 4 – 1　　出入境检验检疫工作作用

要　点	职　能	作　用
国家主权	代表国家行使检验检疫职能	对进入中国的外国检验机构进行核准
管理职能	按照国际性技术法规规定行使国家职能	对成套设备和废旧物品进行装船前检验
对外贸易保障	提供公正权威凭证	为出口商品交货结算计费等提供有效凭证
	建立国家技术保护屏障的重要手段	突破进口国在动植物检疫中设置的贸易技术壁垒促进我国农畜产品的对外贸易
经济建设和社会发展保障	保护农林牧渔业的生产安全	免受国际上重大疫情灾害影响
	保护我国人民健康	防止检疫传染病的传入或传出
	提高企业管理水平和产品质量	制定法律法规提高产品质量开拓国际市场

职业应用

分析下列案例中检验检疫机构行使的是哪种职能？

(1) 上海机场检验检疫局从一批芝麻种子中截获检疫性有害生物——假高粱种子（假高粱种子一旦侵入农田，生长出发达根茎，会使农作物大量减产，定殖后很难清除），并已对该批进境芝麻作销毁处理，以有效防止假高粱种子的扩散。

分析：代表国家行使检验检疫职能。

(2) 根据美国 2011 年颁布的《美国 FDA 食品安全现代化法》相关规定，输美食品企业应重新办理对美注册，企业将注册表报所辖分支检验检疫局出口食品监管部门备案，国家认监委对外公布名单。自 2013 年 1 月 1 日起，不在名单内的企业不得向美国出口。

分析：按照国际性技术法规规定行使国家职能。

2. 出入境检验检疫工作内容

出入境检验检疫工作是指检验检疫机构依照进出口国有关法律、行政法规及国际惯例的规定，实施对报检人申报出入境的货物、交通运输工具、货物包装、集装箱以及人员等进行检验检疫、认证和签发官方检验检疫证明等监督管理业务的统称。

出入境检验检疫工作的主要内容有：法定检验检疫；进出口商品检验；动植物检疫；卫生检疫与处理；出口危险货物运输包装的检验；进口废物原料、旧机电产品装运前的检验；进口商品认证管理；出口商品质量许可和卫生注册管理；外商投资财产价值鉴定；货物装载和残损鉴定及与外国和国际组织开展合作等。

业务链接

出入境检验检疫的其他工作内容

（1）外商投资财产价值鉴定的范围与规定如下：外商投资财产价值鉴定包括对外商投资财产的品种、质量、数量、价值损失等进行鉴定。检验检疫机构受当事人的委托进行价值鉴定，鉴定后出具“价值鉴定证书”，供企业办理验货手续。

（2）货物装载和残损鉴定范围与规定如下：用冷冻船舱与集装箱装运前向口岸检验检疫机构申请清洁、卫生、冷藏、密固等适载的检验，经检验合格后方可装运；对外贸易关系人及仲裁、司法等机构，对海运进口商品可向检验检疫机构申请办理监视、残损鉴定、监视卸载等鉴定工作。

报检是指有关当事人根据法律、行政法规的规定，及对外贸易合同的约定或证明履约的需要，向检验检疫机构申请检验、检疫、鉴定，以获准出入境或取得销售使用的合法凭证及某种公证证明所必须履行的法定程序和手续。报检工作一般由关务员或专业的报检员承担。其工作内容有：填制报检单，附以全套报检资料向检验检疫机构申报；配合检验检疫人员实施检验检疫；协调相关部门的业务联系；缴纳检验检疫费用并领取检验检疫证书等。

3. 国家对检验检疫的管理

国家将出入境检验检疫的进出口商品检验、动植物检疫和卫生检疫工作合并在一起，采用“一次报检、一次抽（采）样、一次检验检疫、一次卫生除害处理、一次计收费、一次发证放行”的“三检合一”工作模式，实行“先报检、后报关”的工作程序。

职业应用

2001年国家开始实行“大通关”制度，提高通关效率。国家质检总局通过“三电”工程建设，即出入境货物电子申报、电子监管、电子放行，大大提高了口岸通关速度，并实现了报检、检验检疫、签证通关、统计汇总的网络化管理，形成整套电子执法系统，实现检验检疫执法管理的科学化、规范化和制度化。

业务链接

关于商检中的海关监管条件代码

法检商品目录是《出入境检验检疫机构实施检验检疫的进出境商品目录》的俗称（简称《目录》），每条目录由“商品编码”、“商品名称及备注”、“计量单位”、“海关监管条件”和“检验检疫类别”五栏组成。其中“商品编码”、“商品名称及备注”和“计量单位”以H.S.编码为基础。

海关监管条件："A"表示须实施进境检验检疫，商品编码共3883个；"B"表示须实施出境检验检疫，商品编码共4260个；"D"表示海关与检验检疫联合监管。

检验检疫类别："M"表示进口商品检验；"N"表示出口商品检验；"P"表示进境的动植物、动植物产品检疫；"Q"表示出境动植物、动植物产品检疫；"R"表示进口食品卫生监督检验；"S"表示出口食品卫生监督检验；"L"表示民用商品入境验证。

二、入境货物报检的一般规定

1. 入境货物报检分类

入境货物检验检疫根据不同的报检对象，可分为法定检验和抽查检验两种基本类型；根据不同的检验检疫实施地，可分为进境一般报检、进境流向报检和异地施检报检。入境货物报检分类具体内容见表4－2。

表4－2　入境货物报检分类表

类别	界　定	报检地点	证单种类	检验地点
进境一般报检	法定检验检疫入境货物的货主或其代理人，持有关单证向卸货口岸检验检验机构申请取得"入境货物通关单"，并对货物进行检验检疫的报检。	报关地	通关单（双联第一联）	报关地
进境流向报检	亦称口岸清关转异地报检，法定入境检验检疫货物的收货人或其代理人持有关单证在卸货口岸向口岸检验检疫机构报检，获取"入境货物通关单"。通关后由进境口岸检验检疫机构进行必要的卫生处理，货物调往目的地后，再由该地检验检疫机构进行检验检疫监管。	报关地	通关单（四联第二联）	—
异地施检报检	已在口岸完成进境流向报检，货物到达目的地后，该批进境货物的货主或其代理人应在海关放行后20日内，向目的地检验检疫机构申请进行检验检疫的报检。提供"入境货物调离通知单"，即"入境货物通关单"中的流向联（四联第三联）。	目的地	—	目的地

小贴士

进境流向报检和异地施检报检容易出现的问题：法定检验检疫的入境货物在口岸通关后应调往目的地检验检疫机构施检（口岸和目的地不一致）。而有些报检人对检验检疫工作程序不了解，认为在口岸报检后，拿到通关单检验检疫就结束了，导致货物到了目的地，没有再继续申请异地施检，未进行品质等检验就使用或销售了进口货物，造成漏检。

2. 入境货物报检的时限和地点

（1）报检时限。法定检验检疫的入境货物的货主或其代理人应在入境前或入境时向报关地的出入境检验检疫机构报检，入境货物报检的时限具体内容见表4－3。

表4－3 入境货物报检的时限

事　件	时间
微生物、人体组织、生物制品、血液及其制成品或种畜、禽及其精液、胚胎、受精卵	入境前30天报检
输入其他动物	入境前15天报检
输入植物、种子、种苗及其他繁殖材料	入境前7天报检
入境货物需对外索赔出证的	索赔有效期前不少于20天

（2）报检地点。除入境货物报检的地点（具体内容见表4－4）外，国家质检总局可以根据便利对外贸易和进出口商品检验工作的需要，指定在其他地点检验。

表4－4 入境货物报检的地点

事　件	报检地点
大宗散装商品、易腐烂变质商品、废旧物品及在卸货时发现包装破损、重/数量短缺的商品	卸货口岸检验检疫机构报检
需结合安装调试进行检验的成套设备、机电仪器产品以及在口岸开件后难以恢复包装的商品	所在地检验检疫机构报检
审批、许可证等有关政府批文中规定检验检疫地点的	规定的地点报检

（3）入境货物报检的单据。入境货物报检时，应填制“入境货物报检单”，并提供外贸合同、发票、提（运）单、装箱单等必要的凭证及其他检验检疫机构要求提供的特殊单证。其他检验检疫机构要求提供的特殊单证可参见后面的章节。

职业应用

上海远洋国际货物运输有限公司从澳大利亚进口一批樱桃，该批樱桃总计288箱，重3456千克。在卸货时发现少了5箱，上海检验检疫局第一时间对该批樱桃实施了现场查验及检疫，并出具证书。上海远洋国际货物运输有限公司凭检验检疫证书在索赔有效期前不少于20天期限内对外索赔。

3. 入境货物报检的一般操作流程

入境货物检验检疫的一般工作程序是：申请报检→受理报检→办理通关→实施检验检疫。入境货物报检的一般操作流程具体内容见图4－1。

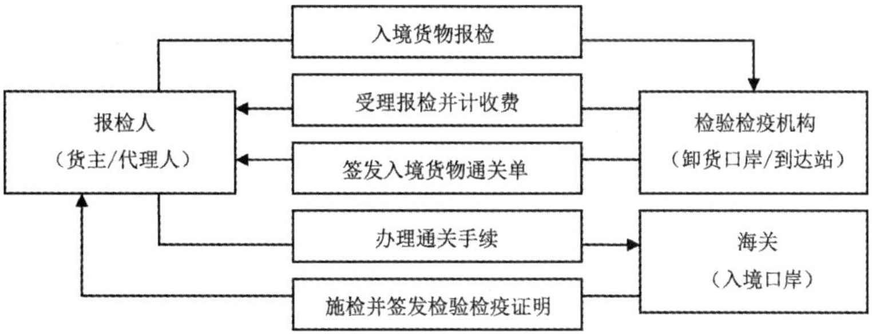

图 4－1 入境货物报检的一般操作流程

说明：

（1）法定检验检疫货物入境时，报检人应向卸货口岸或到达站的检验检疫机构申请报检，并按检验检疫有关规定和要求提供有关单证资料。

（2）检验检疫机构按有关规定审核报检资料，符合要求的，受理报检并计收费用。

（3）对来自疫区可能传播检疫传染病的动植物疫情，以及可能夹带有害物质的运载入境货物交通工具或运输包装实施必要的检疫、消毒和卫生处理，然后签发“入境货物通关单”。

（4）报检人凭报关地检验检疫机构签发的“入境货物通关单”办理通关手续，海关进行验放。

（5）报检人办理入境货物通关后，应及时与货物到达地的检验检疫机构联系检验检疫事宜，未经检验检疫的，不准销售或使用。检验检疫机构对检验检疫合格的入境货物签发“入境货物检验检疫证明”；经检验检疫不合格的，签发“检验检疫处理书”。报检人应在检验检疫机构的监督下，作退运或销毁处理。需要对外索赔的，检验检疫机构签发检验检疫证书。

三、出境货物报检的一般规定

1. 出境货物报检分类

出境货物报检可分为出境一般报检、出境换证报检、出境货物的预检报检。出境货物报检分类具体内容见表 4－5。

表 4－5　　出境货物报检分类表

类别	界　定	备　注
出境一般报检	货主或其代理人，持有关单证向产地检验检疫机构申请检验检疫以取得出境放行证明及其他单证。	在启运地报关出境的一般报检的货物，经启运地检验检疫机构检验检疫合格后签发“出境货物通关单”，货主或其代理人凭通关单报关。
出境换证报检	货主或其代理人持产地检验检疫机构签发的“出境货物换证凭单”或“换证凭条”，向报关地检验检疫机构申请换发“出境货物通关单”。	对于出境换证报检的货物，报关地检验检疫机构按照国家质检总局规定的抽查比例进行查验。
出境预检报检	货主或其代理人持有关单证向产地检验检疫机构申请对暂时还不能出口的货物预先实施检验检疫的报检。	申请预检报检的货物必须是经常出口的、非易腐烂变质、易燃易爆的商品。

小贴士

预报检合格签发“出境货物换证凭单”带有“预检”字样，这个单据只能作为检验结果的证明，不能直接换取通关单。正式出口时查验后换发“一般报检”字样的“出境货物换证凭单”或“换证凭条”再换发通关单。

2. 出境货物报检时限和地点

（1）报检时限。法定检验检疫的出境货物的货主或其代理人最迟应在出境货物出口报关或装运前7天报检。对于个别检验检疫周期较长的货物，应留有相应的检验检疫时间。

（2）报检地点。法定检验检疫货物，除活动物需由口岸检验检疫机构检验检疫外，原则上实施产地检验检疫和出境口岸查验或换证“管理模式”。

职业应用

近日上海远洋国际货物运输有限公司向加拿大出口一批蝴蝶兰，应在装运前7天报检。上海检验检疫机构采取“同一生产批次的多批报检产品出口前只抽样一次送检，合格后即可全部予以放行”的新模式，同时做好日常安全监管工作，保证产品出口前每个环节的安全运行。

（3）出境货物报检的单据。出境货物报检时，应填制“出境货物报检单”，并提供外贸合同（销售确认书或函电）、信用证、发票、装箱单等必要的凭证及其他检验检疫机构要求提供的特殊单证。

3. 出境货物报检的一般操作流程

出境货物检验检疫的一般工作程序是：先报检，后进行检验检疫，再通关。出境货物报检的一般操作流程：申请报检→受理报检→检验检疫→签证放行。出境货物报检的一般操作流程具体内容见图4-2。

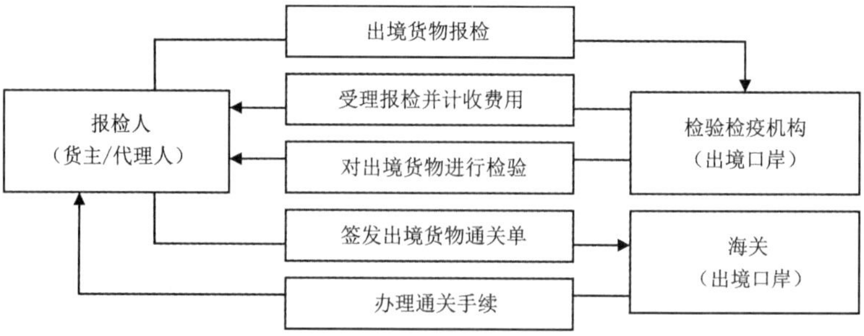

图4-2 出境货物报检的一般操作流程

说明：

（1）对法定检验检疫的出境货物，报检人应在规定时限内向当地检验检疫机构报检，并按照检验检疫有关规定和要求提供有关单证资料。

（2）检验检疫机构按有关规定审核报检资料，符合要求的，受理报检并计收费用。

（3）由施检部门实施检验检疫。

（4）对产地和报关地相一致的出境货物，经检验检疫合格后出具“出境货物通关单”。

（5）报检人凭检验检疫机构签发的“出境货物通关单”办理通关手续，海关进行验放。

对产地和报关地不一致的出境货物，报检人应向产地检验检疫机构报检，检验检疫合格后由其出具“出境货物换证凭单”或将电子信息发送至口岸检验检疫机构并出具“出境货物换证凭条”。报检人凭“出境货物换证凭单”或“出境货物换证凭条”向口岸检验检疫机构报检。口岸检验检疫机构验证或核查货证无误后出具“出境货物通关单”。检验检疫机构对检验检疫不合格的出境货物签发“出境货物不合格通知单”，禁止出口。

【实战案例】

叶小慧是报关与报检专业二年级的一名学生。学校安排同学们到国际物流公司进行报检课程的专业认知学习。实习第一天小叶就跟着带教老师办理了一批进口货物的报检。

业务背景：

大连一帆饲料生产厂从韩国三顺进出口有限公司进口砂糖（商品编码：1701991090），检验检疫类别 M. R/S，货物预计于 2015 年 7 月 28 日到达大连口岸。

【案例操作】

本票货物报检流程如下：

（1）7 月 27 日，大连一帆饲料生产厂关务员准备好报检所需要的所有外贸单证。

（2）7 月 28 日，大连一帆饲料生产厂在 CIQ2000 系统上向检验检疫机构提交电子入境货物报检单。

（3）7 月 29 日，收到 CIQ2000 系统返回回执信息，提示已生成报检号，可持纸质报检单及其他报检的随附单证到报检大厅领取“入境报检通关单”（此时检验检疫机构工作人员已完成对进口货物的现场查验）。

（4）7 月 29 日，大连一帆饲料生产厂报检员到辽宁出入境检验检疫局大连湾办事处提交纸质单据，缴纳检验检疫费用，领取“入境货物通关单”。

项目二　出入境动植物及其产品报检

【项目目标】

知识目标

1. 入境动植物及产品报检范围
2. 不同类型入境动植物及产品报检时间和地点规定
3. 不同类型入境动植物及产品报检所需单证
4. 出境动植物及产品报检范围
5. 不同类型出境动植物及产品报检时间和地点规定
6. 不同类型出境动植物及产品报检所需单证
7. 出境动植物生产企业注册规定

能力目标

1. 办理入境动植物及产品报检手续
2. 办理出境动植物及产品报检手续
3. 办理出境动植物生产企业注册手续

【专业知识】

一、入境动植物及产品报检范围

入境动植物及动植物产品的报检范围包括进境动植物、进境动植物产品及其他检疫物。具体内容见表4－6。

表4－6　入境动植物及动植物产品报检范围表

类型	范　围	列　举
动物	饲养、野生的活动物	畜、禽、兽、蛇、龟、鱼、虾、蟹、贝、蚕、蜂等
动物产品	来源于动物未经加工或虽经加工但仍有可能传播疫病的产品	生皮、毛类、肉类、脏器、油脂、水产品、蛋类、血液、精液、胚胎、骨、蹄、角等

续表

类型	范　围	列　举
植物	栽培植物、野生植物及其种子、种苗及其他繁殖材料等	植株、苗木（含试管苗）、果实、种子、砧木、接穗、插条、叶片、芽体、块根、块茎、鳞茎、球茎、花粉、细胞培养材料等
植物产品	来源于植物未经加工或者虽经加工但仍有可能传播病虫害的产品	粮食、豆、棉花、油、麻、烟草、籽仁、干果、鲜果、蔬菜、生药材、木材、饲料等
其他检疫物	动物疫苗、血清、诊断液、动植物性废弃物等	动物组织、培养基等 草帘、麻袋、纸等废旧植物性包装物等

二、入境动植物及产品报检操作

1. 报检时间

不同类型的动植物及动植物产品报检时间规定不同，具体规定见表 4－7。

表 4－7　　进境动植物报检时间表

类型	报检时间及机构	列　举
输入种畜禽及其精液、胚胎	应当在进境 30 日前，向入境口岸局和指运地检验检疫机构报检	上海东清进出口有限公司在 5 月 1 日进境一批澳大利亚牛，需要在 4 月 2 日前报检
输入其他动物	应当在进境 15 日前，向入境口岸局和指运地检验检疫机构报检	浙江东庭公司为一家演出承办单位，因演艺需要在 6 月 27 日进境一批演艺动物，需要在 6 月 12 日前报检
输入植物种子、种苗及其他繁殖材料	应当在进境前 7 日报检	苏州鑫蓝公司在 2 月 28 日进口一批植物种子，需要在 2 月 21 日前报检
其他情况	在货物入境前或入境时报检，约定检疫时间	北京某医药制造厂于 11 月 19 日通过国际快件的方式进口一批动物源性生物材料，需要在 11 月 19 日前办理报检手续

2. 报检地点

输入动植物、动植物产品及其他检疫物，应向入境口岸检验检疫机构报检，由口岸检验检疫机构实施检疫。

3. 报检单证

报检时，应当填写“入境货物报检单”，并提交输出国家或者地区政府动植物检疫机关出具的检疫证书、产地证书和贸易合同、信用证、发票等单证；依法应当办理检疫审批手续的，还应当提交检疫审批单。无输出国家或者地区政府动植物检疫机关出具的有效检疫证书，或者未依法办理检疫审批手续的，口岸动植物检疫机关可以根据具体情况，作退回或者销毁处理。

我国进境动植物报检单证具体报检单证见表 4－8。

表 4－8　　进境动植物报检单证表

类型	报检证单
动物及动物遗传物质	“入境货物报检单”、贸易合同、发票、装箱单、运输单据、原产地证书、输出国家或地区官方出具的检疫证书正本、“进境动植物检疫许可证”正本、“隔离场使用证”（进口种用/观赏用水生动物、畜、禽等活动物提供）、备案证明书（动物遗传物质提供）
肉类产品及水产品	“进境动植物检疫许可证”正本（水产品除外）、输出国家或地区政府官方签发的检验检疫证书正本、原产地证书、贸易合同或协议、提单、发票等单证
动物源性材料及饲料添加剂	原产地证书、贸易合同、信用证、提单、发票等，并根据对产品的不同要求提供“进境动植物检疫许可证”、输出国家或地区检验检疫证书、“进口饲料和饲料添加剂产品登记证”（复印件）。
其他动物产品及其他检疫物	原产地证书、输出国家或地区检验检疫证书、贸易合同、信用证、提单、发票等，并根据对产品的不同要求提供“进境动植物检疫许可证”
种子、苗木等植物繁殖材料	“入境货物报检单”随附合同、发票、提单、“进境动植物检疫许可证”（适用于需质检总局审批的种子、苗木）或“引进种子、苗木检疫审批单”或“引进林木种子、苗木和其他繁殖材料检疫审批单”及输出国官方植物检疫证书、原产地证等
水果、烟叶和茄科蔬菜	“入境货物报检单”随附合同、发票、提单、“进境动植物检疫许可证”、输出国官方植物检疫证书、原产地证等
粮食和植物源性饲料	“入境货物报检单”随附合同、发票、提单、约定的检验方法标准或成交样品、原产地证及按规定应当提供的其他有关单证、根据对产品的不同要求提供“进境动植物检疫许可证”、输出国家或地区检验检疫证书
其他植物产品	合同、输出国官方出具的植物检疫证书
转基因产品（进境）	“入境货物报检单”、“农业转基因生物安全证书”、“农业转基因生物标识审查认可批准文件”

备注：1. 符合要求的检验检疫机构将受理报检

2. 检验检疫人员将做好隔离检疫场消毒、现场检疫、实验室检验等准备工作

4. 检疫放行

输入动植物、动植物产品和其他检疫物，经检疫合格的，准予进境。

输入动植物、动植物产品和其他检疫物，需调离海关监管区检疫的，海关凭口岸动植物检疫机关签发的“检疫调离通知单”验放。

业务链接

入境检疫物检疫不合格处理方式

输入动物，经检疫不合格的，由口岸动植物检疫机关签发“检疫处理通知单”，通知货主或者其代理人作退回、扑杀或销毁处理。

输入动物产品和其他检疫物经检疫不合格的，由口岸动植物检疫机关签发“检疫处理通知单”，通知货主或者其代理人作除害、退回或者销毁处理。经除害处理合格的，准予进境。

输入植物、植物产品和其他检疫物，经检疫发现有植物危险性病、虫、杂草的，由口岸动植物检疫机关签发“检疫处理通知单”，通知货主或者其代理人作除害、退回或者销毁处理。经除害处理合格的，准予进境。

三、出境动植物及产品报检范围

出境动植物及动植物产品报检范围包括动植物、动植物产品及其他检疫物。具体内容见表4－9。

表4－9　　出境动植物及动植物产品报检范围表

类型	范围
动物	饲养、野生的活动物
动物产品	来源于动物未经加工或虽经加工但仍有可能传播疫病的产品
其他检疫物	动物疫苗、血清、诊断液、动植物性废弃物等
植物及植物产品	贸易性出境植物、植物产品及其他检疫物
	作为展出、援助、交换、赠送等的非贸易性出境植物、植物产品及其他检疫物
	进口国家（或地区）有植物检疫要求的出境植物产品
	出境植物、植物产品及其他检疫物的装载容器、包装物及铺垫材料

业务链接

出境检疫依据

（1）输入国家或者地区和中国有关动植物检疫规定；

（2）双边检疫协定；中华人民共和国进出境动植物检疫法实施条例；

（3）贸易合同中订明的检疫要求。

四、出境动物及动物产品报检操作

1. 报检时间、地点

货主或者其代理人在动植物、动植物产品和其他检疫物出境前，向口岸动植物检疫机关报检。不同类型动物及动物产品报检时间规定见表4－10。

表 4－10　　出境动物及产品报检时间表

类　型	报检时间
需隔离检疫的出境动物	出境前60天向启运地检验检疫机构预报检，隔离前7天向启运地检验检疫机构正式报检
出境观赏动物	出境前30天到出境口岸检验检疫机构报检
出境野生捕捞水生动物[1]	在水生动物出境3天前向出境口岸检验检疫机构报检
出境养殖水生动物[1]	在水生动物出境7天前向注册登记养殖场、中转场所在地检验检疫机构报检
动物产品	出境前7天报检
	须作熏蒸消毒处理的，出境前15天报检
植物及植物产品 其他检疫物	出境前向产地检验检疫机构报检

备注：1. 不包括观赏鱼

2. 报检单证

（1）出境动物应提供的报检单证。除按规定填写"出境货物报检单"，并提供合同（或销售确认书）、信用证（以信用证方式结汇时提供）、发票、装箱单等有关外贸单据外，根据不同的货物报检时还必须提供相应单证。具体规定见表4－11。

表 4－11　　不同出境动物报检还须提供的单证

类　型	提供单证
出境观赏动物	贸易合同或展出合约、产地检疫证书
输出国家规定的保护动物	国家濒危物种进出口管理办公室出具的许可证
输出非供屠宰用的畜禽	农牧部门出具的品种审批单
输出实验动物	濒危物种进出口管理办公室出具的"允许进出口证明书"
实行检疫监督的输出动物	生产企业的输出动物检疫许可证
出境野生捕捞水生动物	所在地县级以上渔业主管部门出具的捕捞船舶登记证和捕捞许可证
	捕捞渔船与出口企业的供货协议（含捕捞船只负责人签字）
	进口国家或者地区对捕捞海域有特定要求的，报检时应当申明捕捞海域
	检验检疫机构规定的其他单证
出境养殖水生动物	应提供"出境水生动物养殖场/中转场检验检疫注册登记证"（复印件），并交验原件 不能提供"注册登记证"的，检验检疫机构不予受理报检

（2）出境动物产品应提供的报检单证。除按规定填写"出境货物报检单"，并提供合同（或销售确认书）、信用证（以信用证方式结汇时提供）、发票、装箱单等有关外贸单据外，根据不同的货物还应提供相应单证，具体规定见表4－12。

表 4-12 不同出境动物产品报检还须提供的单证

类型	提供单证
动物产品	出境动物产品生产企业（包括加工厂、屠宰场、冷库、仓库）的卫生注册登记证
	来源于国内某种属于国家级保护或濒危物种的动物、濒危野生动植物种国际贸易公约中的中国物种的动物，还须递交国家濒危物种进出口管理办公室出具的“允许出口证明书”
水产品	生产企业检验报告（出厂合格证明）、出货清单以及所用原料中药物残留、重金属、微生物等有毒有害物质含量符合输入国家或者地区以及我国要求的书面证明

（3）出境植物及植物产品应提供的报检单证。除按规定填写“出境货物报检单”，并提供合同（或销售确认书）、信用证（以信用证方式结汇时提供）、发票、装箱单等有关外贸单证外，根据不同的货物还应提供相应单证。具体规定见表 4-13。

表 4-13 不同出境植物报检还须提供的单证

类型	提供单证
属于濒危和野生植物资源	须出示国家濒危物种进出口管理办公室或其授权的办事机构签发的允许出境证明文件
输往欧盟、美国、加拿大等国家或地区的出境盆景	应提供“出境盆景场/苗木种植场检疫注册证”
出境水果来自注册登记果园、包装厂	相关单位“注册登记证书”（复印件）
	来自本辖区以外其他注册果园的，由注册果园所在地检验检疫机构出具水果“产地供货证明”
供港澳蔬菜	供给港澳蔬菜加工原料证明文件、出货清单以及出厂合格证明

3. 出境动植物生产企业注册

我国对出境动物实行生产企业注册制度，对生产出境动物产品的企业实施生产企业备案制度，对出境植物及植物产品实行注册登记制度、备案管理等。对输入国要求中国对向其输出的动植物、动植物产品和其他检疫物的生产、加工、存放单位注册登记的，口岸动植物检疫机关可以实行注册登记，并报国家动植物检疫局备案。具体内容见表 4-14。

表 4-14 出境动植物、动植物产品其他检疫要求规定表

类型	相关规定
出境动物	生产企业必须向检验检疫机构注册
出境水生动物的特殊规定	除捕捞后直接出口的野生捕捞水生动物外，出境水生动物必须来自注册登记养殖场或者中转场
	注册登记养殖场、中转场应当保证其出境水生动物符合进口国或者地区的标准或者合同要求，并出具“出境水生动物供货证明”
	中转场凭注册登记养殖场出具的“出境水生动物供货证明”接收水生动物

续表

类型	相关规定
出境水生动物的特殊规定	出境水生动物必须凭产地检验检疫机构出具的动物卫生证书或“出境货物换证凭单”及检验检疫封识进入口岸中转场
	在中转场内不得将不同来源的水生动物混合拼装
	凡是在口岸中转场内改变包装的、出口前变更输入国家或地区的或超过规定有效期的，必须重新向口岸检验检疫机构报检
出境动物产品	国家（包括加工厂、屠宰场、冷库、仓库）实施生产企业备案制度。报检人向检验检疫机构报检经生产出境动物产品的企业生产的出境动物产品，必须产自经备案的生产企业并存放于经注册登记的冷库或仓库
出境种苗	实施花卉基地注册登记制度，推行“公司 + 基地 + 标准化”管理模式
	从事出境种苗花卉生产经营的企业，应向所在地检验检疫机构申请注册登记
	未获得注册登记的企业，不得从事出境种苗花卉生产经营业务
	来自未实施注册登记生产经营企业的种苗花卉，不准出口
输往智利的水果	所有水果包装箱应统一用英文标注“水果种类、出口国家、产地（区或省）、果园名称或其注册号、包装厂及出口商名称”等信息。承载水果包装箱的托盘货物外表应加贴“输往智利共和国”的英文标签
输往秘鲁的柑橘	包装箱上应用英文标出产地（省份）、果园名称或其注册号、包装厂名称或注册号，及“中国输往秘鲁”的字样
不准出口	对来自非注册果园、包装厂的水果，以及出境水果来源不清楚的，不准出口
备案管理	国家对供港澳蔬菜种植基地和供港澳蔬菜生产加工企业实施备案管理。种植基地和生产加工企业应当向检验检疫机构备案

业务链接

重新报检

经检疫合格的动植物、动植物产品和其他检疫物，有下列情形之一的应重新报检：

（1）更改输入国家或者地区，更改好的输入国家或者地区又有不同检疫要求的；

（2）改换包装或者原未拼装后来拼装的；

（3）超过检疫规定有效期的。

职业应用

2013年，经中美两国检验检疫部门协商，允许我国符合《中国木制工艺品出口美国植物检验检疫要求》的木制工艺品出口美国。在检疫处理上，要求生产企业须具有符合美方检疫处理效果要求的检疫处理设施，并得到出入境检验检疫机构对其产品检疫处理的批准。检疫处理过程应符合美国热处理、窑干或熏蒸处理要求。同时要求输美木制工艺品生产企业检疫处理技术人员须经出入境检验检疫机构培训合格，能够按照美方要求进行检疫处理操作。在检疫处理方法上，要求输美的任何含有木质成分的工艺品原料、半成品或成品，只要尚未完全加工为最终制品，须采用热处理或熏蒸检疫处理。

【实战案例】

2015年初，上海进境150头澳大利亚种公牛。这些种公牛分别由吉林、新疆、甘肃、辽宁、云南、天津、内蒙古、河北、河南、四川等10个省市自治区11家单位的种牛繁育中心引进。上海检验检疫人员对这些公牛在隔离场进行了隔离检疫，并采取了相应的检疫监管措施。

请分析探究一下：

(1) 上述案例中，公牛是否需要办理报检手续？还有哪些进入我国境内的动植物及产品需要办理报检手续？

(2) 根据上述案例来说明动植物检验检疫的重要性。你还知道哪些案例？

【案例操作】

作为种畜的公牛入境需要办理报检手续。

我国商检部门对进境的动植物及产品报检范围规定非常明确，具体说来：动物如畜、禽、兽、蛇、龟、鱼、虾等；动物产品包括肉类、蛋类、动物水产品等；植物产品包括粮食、棉花、鲜果、蔬菜等。报检手续会因货物的种类不同有所区别。

如：2012年6月，南京局港办检疫人员在对一外轮进行例行监管中，截获印度香料一袋。经省局植检实验室鉴定，其中混有检疫性杂草——假高粱，还有大麻、曼陀罗、野燕麦等多种危险性杂草。检验检疫人员从入境船舶上截获该检疫性有害生物，为国门安全防御做出了贡献（备注：假高粱，世界性的恶性杂草，有一定毒性，在高温干旱等不良条件下，体内产生氢氰酸，牲畜吃了，会发生中毒现象。繁殖能力强，很难清除）。

项目三　出入境食品、机电产品报检

【项目目标】

知识目标

1. 入境食品报检范围
2. 入境食品标签制作规范
3. 入境食品报检操作要点
4. 出境食品报检范围
5. 出境食品报检操作要点
6. 机电产品强制认证
7. 入境机电产品报检范围
8. 入境机电产品报检操作要点
9. 出境机电产品报检范围
10. 出境机电产品报检操作要点

能力目标

1. 办理入境食品报检操作
2. 办理出境食品报检操作
3. 设计强制认证标识
4. 办理入境机电产品报检操作
5. 办理出境机电产品报检操作

一、出入境食品报检

1. 入境食品报检

（1）报检范围。入境食品报检范围包括食品、食品添加剂和食品相关产品。具体内容见表 4－15。

表 4－15　　入境食品报检范围表

类型	界　定	列　举
食品	供人食用或者饮用的成品和原料以及按照传统既是食品又是药品的物品[1]	蜜枣、花生米罐头等

续表

类型	界　定	列　举
食品添加剂	为改善食品品质和色、香、味以及为防腐、保鲜和加工工艺的需要而加入食品中的人工合成或者天然物质	漂白剂、膨松剂、着色剂、护色剂、酶制剂、增味剂、营养强化剂、防腐剂、甜味剂、增稠剂等
食品相关产品	用于食品包装材料、容器、洗涤剂、消毒剂和用于食品生产经营的工具、设备	包装食品用的纸盒等

备注：1. 不包括以治疗为目的的物品

业务链接

食品卫生相关术语

（1）预包装食品，指预先定量包装或者在包装材料和容器中的食品。

（2）保质期，指预包装食品在标签指明的贮存条件下保持品质的期限。

（3）用于食品的包装材料和容器，指包装、盛放食品或者食品添加剂用的纸、竹、木、金属、搪瓷、陶瓷、塑料、橡胶、天然纤维、化学纤维、玻璃等制品和直接接触食品或者食品添加剂的涂料。

（4）用于食品生产经营的工具、设备，指在食品或者食品添加剂生产、流通、使用过程中直接接触食品或者食品添加剂的机械、管道、传送带、容器、用具、餐具等。

（5）用于食品的洗涤剂、消毒剂，指直接用于洗涤或者消毒食品、餐饮具以及直接接触食品的工具、设备或者食品包装材料和容器的物质。

（2）食品标签。**食品标签是指在食品包装容器上或附于食品包装容器上的一切附签、吊牌、文字、图形和符号等说明物。**

预包装食品的包装上应当有标签。进口预包装食品的中文标签、中文说明书应当符合我国法律法规的规定和食品安全国家标准的要求。食品添加剂应当有标签、说明书和包装。

小贴士

预包装食品及食品添加剂没有中文标签、中文说明书或者标签、说明书不符合规定的，不得进口。

预包装食品标签应包含名称、规格、配料表等内容，若出现无中文标签等情况时则标签不合格。预包装检验检验不合格检疫机构的处理方法见表 4－16。

表 4－16 预包装检验检验不合格检疫机构的处理方法

不合格情况	处理方法
进口预包装食品标签检验不合格	一次性告知进口商或者其代理人不符合项的全部内容
涉及安全、健康、环境保护项目不合格	责令进口商或者其代理人销毁，或者出具退货处理通知单，由进口商或者其代理人办理退运手续
其他项目不合格	进口商或者其代理人可以在监督下进行技术处理
不能进行处理或者处理后仍不合格	责令进口商或者其代理人退货或者销毁

业务链接

首次进口预包装报检注意事项

首次进口的预包装食品报检时，报检单位除应按报检规定提供报检资料外，还应按要求提供标签检验有关资料并加盖公章，如提供原标签样张和翻译件、预包装食品中文标签样张等。当进口预包装食品标签中强调某一内容，如获奖、获证、法定产区、地理标识及其他内容的，或者强调含有特殊成分的，应提供相应证明材料；标注营养成分含量的，应提供符合性证明材料。

我国食品标签应符合食品安全法及我国其他有关法律、行政法规的规定。食品和食品添加剂标签审核注意事项见表 4－17。

表 4－17 食品标签审核注意事项表

类型	具体事项
进口的预包装食品	应当有中文标签、中文说明书。没有中文标签、中文说明书或者标签、说明书不符合本条规定的，不得进口
进口的食品添加剂	
食品和食品添加剂的标签、说明书	不得含有虚假、夸大的内容，不得涉及疾病预防、治疗功能
	应当清楚、明显，容易辨识
	标签、说明书所载明的内容不符的不得上市销售

（3）入境食品报检操作。①报检时间、地点。收货人或其代理人在收到进口食品到达通知书后，及时向口岸地检验检疫机构办理报检手续。②报检单证。进口食品的进口商应当

持合同、发票、装箱单、提单等必要的凭证和相关批准证明文件，向海关报关地的出入境检验检疫机构报检。具体内容见表4－18。

表4－18 进境食品报检单据类型表

类型	报检所需单据
基本单证	贸易单据，包括合同、发票、装箱单、提单等必要的凭证
国外证书	原产地证书等
	动植物源性食品还应根据产品的不同要求提供相应的“动植物检疫许可证”、输出国家或者地区出具的检验检疫证书
涉及许可审批	需提交相关证明，如以保健食品名义报检的进口食品须提交国家食品药品监督管理局审批合格取得的“进口报检食品批准证书”
属转运内地销售所需的进口食品换证申报	需填写“入境货物报检单”，报检单上“合同订立的特殊条款以及其他要求”一栏中注明需换领证书的份数，并提供口岸检验检疫机构签发的进口食品卫生证书正本或副本

报检时，进口商或者其代理人应当将所进口的食品按照品名、品牌、原产国（地区）、规格、数/重量、总值、生产日期（批号）及质检总局规定的其他内容逐一申报。检验检疫机构对进口商或者其代理人提交的报检材料进行审核，符合要求的受理报检。进口食品应当经出入境检验检疫机构检验合格。海关凭出入境检验检疫机构签发的通关证明放行。

③检验检疫结果。检验检疫结果分两种：合格与不合格。具体内容见表4－19。

表4－19 进口食品检验检疫结果表

类型	检验检疫结果
检验检疫合格	检验检疫机构出具合格证明，准予销售、使用。检验检疫机构出具的合格证明应当逐一列明货物品名、品牌、原产国（地区）、规格、数/重量、生产日期（批号），没有品牌、规格的，应当标明“无”
检验检疫不合格	由检验检疫机构出具不合格证明
	涉及安全、健康、环境保护项目不合格的，由检验检疫机构责令当事人销毁，或者出具退货处理通知单，由进口商办理退运手续
	其他项目不合格的，可以在检验检疫机构的监督下进行技术处理，经重新检验合格后，方可销售、使用

职业应用

2014年7月至8月，外高桥局加大对进境肉类产品的查验力度，共查验进境肉类产品469批，查获不合格16批。其中，集装箱封识不符3批、夹带4批、感观查验不合格3批、货证不符3批、实验室检测不合格4批。针对上述问题，外高桥局在有针对性地提高采样比例的同时，加大了掏箱力度，一旦发现封识不符、夹带、货证不符等情况，坚决扣箱整改。

同时，及时做好对货主的宣传工作，积极与领事馆、国外发货商等沟通，以敦促其严格遵守我国的法律法规，防止此类事件的再次发生。

2. 出境食品报检

（1）报检范围：一切出口食品（包括各种供人食用、饮用的成品和原料以及按照传统习惯加入药物的食品），用于出口食品的食品添加剂等。

（2）报检操作。①报检时间、地点。出境食品出口前，报检人应向出口食品生产企业所在地检验检疫机构报检。②报检单证。出境报检时，须将向检验检疫机构提供的单证分为基本单证和其他单证两类。基本单证是所有出境食品报检时必须提供的单证，其他单证则是根据不同报检事项需要提供的单证，具体单证见表4－20。另外，出口预包装食品的，还应提供与标签有关的标签样张和翻译件；对申报用于人类食品添加剂及原料的产品，在报检时须注明用于人类食品加工；对申报仅用于工业用途，不用于人类食品添加剂及原料的产品，须提交贸易合同及非用于人类食品和动物饲料添加剂及原料产品用途的证明。

表4－20　出境食品报检单据类型表

类　型	报检所需单据
基本单证	“出境货物报检单”，提供合同、信用证、发票、装箱单等
其他单证	生产企业（包括加工厂、冷库、仓库）的“出口食品生产企业备案证明”
	“出入境食品包装及材料检验检疫结果单”

职业应用

2013年，我国某工贸有限责任有限公司向美国出口青刀豆罐头时未向进口国进行工艺备案，某食品有限公司出口至美国的草莓松饼试图逃避检验检疫，出口至日本的生鲜白葱使用未经备案基地的原料进行加工生产，这些情况被列入质检总局的出口食品安全风险预警通告并予以公布。我国出境食品报检，应遵循我国的法律规范和检验检疫要求，规范报检操作流程，使出境食品顺利报检。

③检验检疫结果。检验检疫结果分合格与不合格两种，具体内容见表4－21。

表4－21　出境食品检验检疫结果表

类　型	检验检疫结果
检验检疫合格	由检验检疫机构按照规定出具通关证明，并根据需要出具证书
	出口食品进口国家（地区）对证书形式和内容有新要求的，经国家质检总局批准后，检验检疫机构方可对证书进行变更
检验检疫不合格	检验检疫机构出具不合格证明
	依法可以进行技术处理的，在检验检疫机构的监督下进行技术处理，合格后方准出口；依法不能进行技术处理或者经技术处理后仍不合格的，不准出口

小贴士

出口食品应当符合进口国家（地区）的标准或者合同要求，进口国家（地区）无相关标准且合同未有要求的，应当符合中国食品安全国家标准。

业务链接

出境食品监督管理

我国的出口食品由出入境检验检疫机构进行监督、抽检，海关凭出入境检验检疫机构签发的通关证明放行。

出口食品生产企业和出口食品原料种植、养殖场应当向国家出入境检验检疫部门备案，并建立完善的质量安全管理体系。如建立进货查验记录制度、生产记录档案、出厂检验记录制度等。质检总局对出口食品生产企业实施备案制度，检验检疫机构负责对辖区内出口食品生产企业质量安全管理体系运行情况进行监督管理。

二、出入境机电产品报检

1. 机电产品强制认证

强制性产品认证，又称 CCC 认证，是中国政府为保护国家安全、防止欺诈行为、保护人体健康或者安全、保护动植物生命或者健康、保护环境而制定的制度。

列入强制性产品认证目录的产品，必须经过认证，并标注认证标志后，方可出厂、销售、进口或者在其他经营活动中使用。未获得认证证书，或未按规定加施认证标志，不得出厂、销售、进口或在其他经营活动中使用。

强制性产品认证证书是证明“强制性产品认证目录”中产品符合认证要求并准许其使用认证标志的证明文件。

认证标志的名称是“中国强制性认证”，英文缩写为“CCC”或“3C”。分为产品质量认证和产品安全认证两类。

“CCC”认证的式样由基本图案、认证种类标注组成。基本图案如图 4－3 所示。

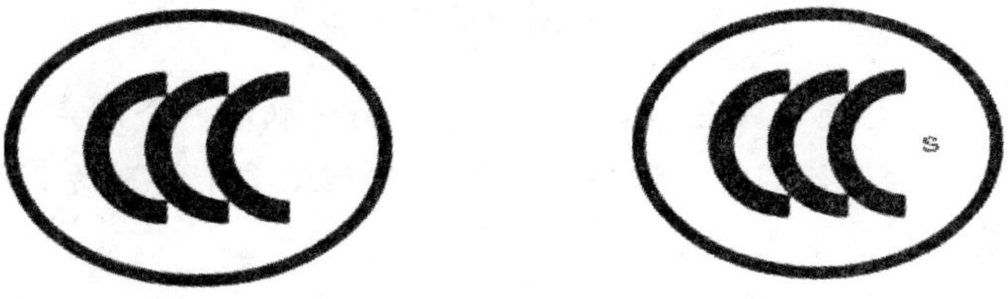

(a)　　　　(b)

图 4－3　认证标识图案

图4－3中（a）图为基本图案；（b）图中右侧标注表示认证种类，由代表该产品认证种类的英文单词的缩写字母组成。如："S"代表"安全认证"；"EMC"代表"电磁兼容认证"；"S&E"代表"安全与电磁兼容认证"；"F"代表"消防产品认证"。

业务链接

强制性产品认证范围

凡列入"强制性产品认证目录"的产品，必须经国家指定的认证机构认证合格、取得指定认证机构颁发的认证证书并标注认证标志后，方可出厂、销售、进口或者在其他经营活动中使用。

2. 入境机电产品报检

（1）报检范围。入境机电产品（含旧机电产品）是指机械设备、电气设备、交通运输工具、电子产品、电器产品、仪器仪表、金属制品等及其零部件、元器件。

小贴士

旧机电产品：1. 已经使用（不含使用前测试、调试的设备），仍具备基本功能和一定使用价值的；2. 未经使用，但超过质量保证期（非保修期）的；3. 未经使用，但存放时间过长，部件产生明显有形损耗的；4. 新旧部件混装的；5. 经过翻新的。

国家对机电产品进口实行分类管理，即分为禁止进口、限制进口和自由进口三类，并实行目录管理。对于列入禁止进口目录的产品不得进口；对于限制进口的产品，国家对限制进口产品的目录实行动态调整，并实行许可证管理；国家对部分自由进口产品实行自动许可证管理。凡属于许可证管理的机电产品需要办理报检手续。

业务链接

关于报检范围的动态调整

2012年7月，质检总局、海关总署联合发布《关于取消部分商品进/出口检验检疫监管的公告》，对法检目录进行调整，取消对涉及纺织和化矿等类别的235个HS编码项下商品的进/出口检验检疫监管。

2013年8月，质检总局、海关总署联合发布关于调整《出入境检验检疫机构实施检验检疫的进出境商品目录》的公告，对1507个海关商品编码项下的一般工业制成品不再实行出口商品检验，同时将2个海关商品编码项下的褐煤产品新增进口检验检疫监管。

（2）报检操作。①报检时间、地点。入境前或入境时向质检总局或出入境检验检疫机构办理备案和报检手续。②报检单证。进口机电产品的进口商应当持合同、发票、装箱单、提单等必要的凭证和相关批准文件，向海关报关地的出入境检验检疫机构报检。对列入“强制性产品认证目录”的机电产品还需提供强制性产品认证证书复印件并在产品上加施认证标志。③报检程序。一般机电产品报检流程如图4－4。

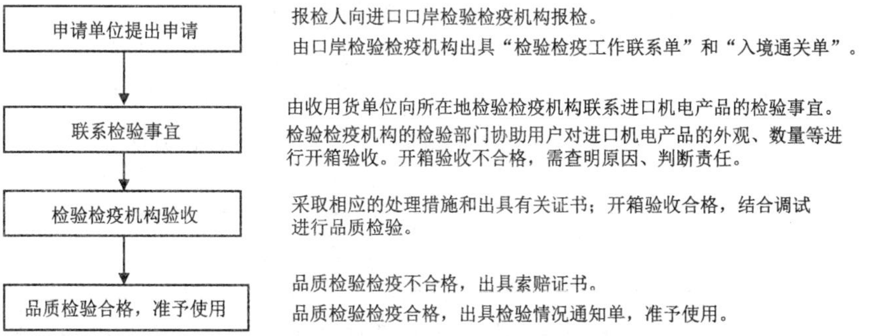

图4－4　机电产品进口流程图

进口旧机电产品报检流程如图4－5。

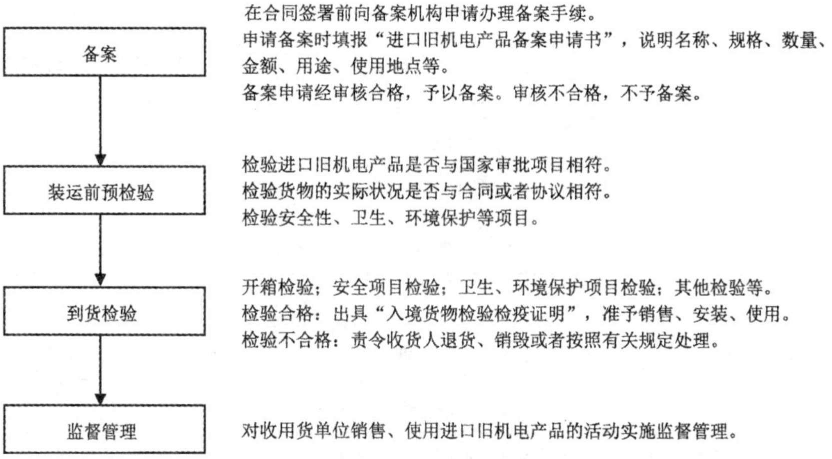

图4－5　旧机电产品监督管理流程图

职业应用

2007年6月，A公司委托B报检公司办理一批23台、价值288万元的旧机电设备进口报检。商检机构在审核报检证单及查验货物后发现，该批设备进境日期在“进口旧机电产品装运前检验证书”出具日期之前，且清单上该产品规格型号栏目有涂改痕迹。经调查，B公司在审核A公司提供的报检单证时，告知对方所提供单证中，缺少“进口旧机电产品装运前检验证书”。A公司为取得该证书，在境外找到了与拟进口设备类似规格型号的23台设备，并请中国检验有限公司进行了装运前检验，出具“进口旧机电产品装运前检验证书”。希望以此蒙混过关。

由于该批设备涉案货值巨大，变造“进口旧机电产品装运前检验证书”的情节严重，检验检疫局根据“进出口商品检验法实施条例”第五十三条第三款进行处罚，决定按照国家有关规定予以退货，并处罚款30000元。

3. 出境机电产品报检

（1）报检范围。出境报检的机电产品主要包括小家电产品和电池两类。小家电产品指需要外接电源的家庭日常生活使用或类似用途、具有独立功能的并与人身有直接或间接的接触，将电能转化为动能或热能，涉及人身的安全、卫生、健康的小型电器产品。出口电池主要是H.S编码为8506、8507品目下的所有子目商品（含专用电器具配置的电池）。

小贴士

出口的小家电主要有：电动真空吸尘器、食品研磨机、搅拌器及蔬菜、水果用榨汁器、电热水器、电熨斗、微波炉、电饭锅等。出口小家电产品的报检范围主要包括H.S.编码从84145110至95069119的产品。

（2）报检操作。①报检时间、地点。出境机电产品应在出境前向所在地检验检疫机构报检。②报检单证。出境报检时，应填写“出境货物报检单”，并提供外贸合同（售货确认书或函电）、信用证（以信用证方式结汇时提供）、发票、装箱单等必要的单证。除此之外，不同类型的小家电还须提供相应单证，具体规定见表4-22。

表4-22 小家电产品报检需要提供单证

类型	提供单证
小家电产品	国家质检总局指定的实验室出具的产品合格有效的型式试验报告（正本）
	列入强制产品认证的还应提供强制认证证书和认证标志
	以非氯氟烃为制冷剂、发泡剂的家用电器产品和以氯氟烃为制冷工质的家用电器产品用压缩机出口时，应提供非氯氟烃制冷剂、发泡剂的证明（包括产品说明书、技术文件以及供货商的证明）
出口电池[1]	“进出口电池产品备案书”（正本及复印件）

备注：1. 出口电池产品必须取得“进出口电池产品备案书”后方可报检，未经备案的电池产品不准出口

（3）其他规定和要求。我国对出口小家电产品实行生产企业登记制度，要求生产企业登记时应提交“出口小家电生产企业登记表”，并提供相关出口产品质量技术文件。对首次报检或登记的企业，应由当地检验检疫机构派员从生产批中随机抽取并封存样品，进行型式试验。型式试验不合格的产品，一律不准出口。我国的出口电池产品必须经过审核，取得“进出口电池产品备案书”后方可报检，未经备案的电池产品不准出口。

职业应用

机电产品进出口涉及制造业、服务业等多种行业，与制造业和区域经济的发展紧密相连。同时，机电产品涉及安全、卫生、环保和反欺诈等各个方面，也是国外设置技术壁垒的重点。2013 年，上海检验检疫局针对出口小家电产品因质量问题频繁受到国外投诉的情况，对出口小家电产品采取“出口产品型式试验 + 出口抽批检验 + 工厂质量体系监督”的检验监管模式，并将该模式推广应用到灯具、洗衣机、插头插座等出口产品的检验监管中。这种检验监管模式取代了传统检验方法，开始了由检验向监管的过渡，取得了非常好的成效，也大大提升了我国出口机电产品的整体质量水平。

【实战案例】

江苏无锡清易食品进出口公司从法国进口一批马洛内都干红葡萄酒（IL MARRONE-TO)，(该公司已经办理了商检的酒类企业备案)，此种葡萄酒为第一次进口。合同于 2015 年 4 月签订，货物从法国马赛运往中国的上海。货物于 7 月 5 日到达上海。清易公司委托上海航联报关有限公司全权办理进口清关事宜。

请你以航联报关公司关务人员的身份为该批葡萄酒的进口办理报检手续。

【案例操作】

1. 业务分析

(1) 由于此票货物报检由上海航联报关公司代理，因此属于代理报检性质，收货人必须向航联公司举出“报检委托书”，并提供全套报检单证。

(2) 由于该公司已经办理了商检的酒类企业备案，因此可以省去企业备案手续。

(3) 经查该商品的 HS 编码：2204290000，报关的规范名称：其他包装鲜葡萄酿造的酒，监管条件为 B：入境货物通关单；检验检疫类别为 R：进口食品卫生监督检验。

2. 报检手续

(1) 接受委托、接单。①与清易公司业务员签订“报检委托协议”。②接单。接受客户提供的单证，主要有：商业发票、装箱单、进口合同、原产地、进口货物标签备案表（附：原标签样张及翻译文、中文标签样张、经销商营业执照复印件）、卫生证、提单、灌装证明等。③根据前面分析，告知客户报检办理手续的内容，并得到客户确认。

(2) 凭客户背书的提单到船公司换取提货单。

(3) 办理报检手续。

首先，办理新品牌备案手续。到江苏无锡商品检验检疫局领取表格，准备下列申报文件：备案表格、葡萄酒英文标签样张（1 套）及相对应的中文翻译件、印制好的中文标签

(3 张)、企业营业执照复印件（盖章）、国外检疫及相关机构和组织出具的“产地证”正本、生产厂商“葡萄酒生产工艺流程”或者“成分鉴定分析表”正本等。

第 2 步，办理入境报检手续。在上海向商检机构电子发送“入境货物通关单”，接到商检部门的现场交单电子信息后，在商检机构的现场提交纸质报检单证：入境货物通关单、报检委托书/合同/FP/箱单/提单、国外检疫及相关机构和组织出具的“产地证”复印件、国外检疫及相关机构和组织出具的“卫生许可证”正本、生产厂商“葡萄酒生产工艺流程”或者“成分鉴定分析表”正本等。

第 3 步，申请放行。陪同商检人员查验货物（查验合格，商检机构在货物上加贴“进口食品卫生监督检验标志”）；通知货主港区提货。

项目四　货物包装出入境对象报检

【项目目标】

知识目标

1. 出入境货物包装报检范围
2. 木质包装检疫处理标识
3. 出入境木质包装报检操作要点
4. 出境一般货物包装范围和要求
5. 出境一般货物运输包装容器报检要点
6. 出入境集装箱报检范围
7. 入境集装箱报检要点
8. 出境集装箱报检要点

能力目标

1. 办理出入境木质包装报检操作
2. 办理出境一般货物包装容器报检要点
3. 办理出入境集装箱报检操作

【专业知识】

一、出入境货物包装报检

1. 出入境货物包装报检概述

（1）报检范围。进出口货物的木质包装需要经过防疫处理。**货物木质包装是指用于承载、包装、铺垫、支撑、加固货物的木质材料**。如木板箱、木条箱、木托盘、木框、木桶、木轴、垫木、衬木等。但是经人工合成或经加热、加压等深度加工的包装用木质材料（如胶合板、刨花板、纤维板等）以及薄板旋切芯、锯屑木丝、刨花等以及厚度等于或小于6毫米的木质材料除外。

小贴士

木质品是传播林木有害生物的一个主要途径。木质包装的检疫问题已经成为当今国际植物检疫的热点。

（2）木质包装检疫处理标识。进境货物使用的木质包装应当由输出国家或地区政府植物检疫机构认可的机构按中国确认的检疫处理方法进行除害处理，并加贴国际植物保护公约组织专用标识，简称IPPC标识。

出境货物木质包装应当按照国家质检总局规定的检疫除害处理方法实施检疫处理，并按照要求加施“IPPC”标识。

“IPPC”标识必须加施于木质包装显著位置，至少应在相对的两面，标识应清晰易辨、永久且不能移动。

业务链接

“IPPC”标识

IPPC标识是国际上通用标识，意思是本包装已经过处理。

XX——国家代码；ZZZ——装标识加施企业的三位数登记号；YY——除害处理方法（如，MB—溴甲烷熏蒸；HT—热处理）。

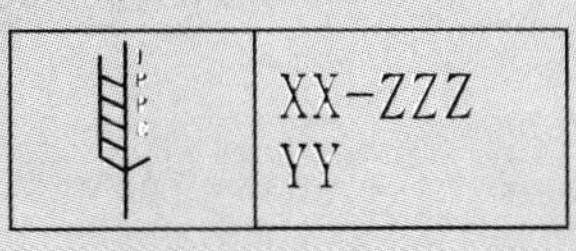

职业应用

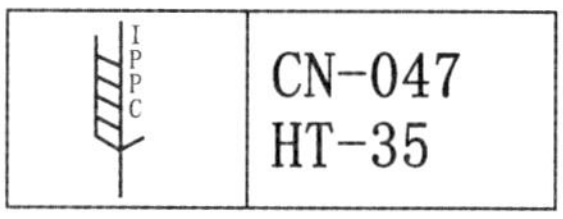

左侧“IPPC”标识表示：登记号为47的中国加工企业进行木质包装除害处理。除害的方法为热处理，处理的地点在福建局。

注：35为福建检验检疫局的2位数代码。

2. 入境货物木质包装检验检疫操作要点

（1）报检时间和地点。入境前或入境时，货物的木质包装应与入境货物一起向入境口岸检验检疫机构报检或申报。

（2）报检要求。入境货物使用木质包装的，应当在输出国家或地区政府检疫主管部门监督下按照IPPC的要求进行除害处理，并加施IPPC专用标识。对于因各种原因不能确定在入境前已经实施了检疫除害处理的木质包装，需按我国的有关法律，在入境时进行相应检疫除害处理。

（3）检疫处理。入境货物木质包装检疫处理见表4－23。

表4－23　　入境货物木质包装检验检疫处理

木质包装报检	报检所需单据	检验检疫机构的处理
有IPPC标识	“入境货物报检单”、“IPPC确认声明”、合同、发票、装箱单、提单等	采取抽查的方法对货物包装进行检验
		抽查合格，予以放行
		抽查不合格，出具“检疫检验处理通知单”进行卫生除害或销毁处理
无IPPC标识	“入境货物报检单”、合同、发票、装箱单、提单等	在检疫机构规定的地点进行除害处理或销毁处理
		经国家质检总局批准后，监督货主或者其代理人连同货物一起作退运处理（所需费用由货主承担）
不能确定是否加施IPPC标识	“入境货物报检单”；合同、发票、装箱单、提单等	经抽查确认木质包装加施了IPPC专用标识，且未发现活的有害生物的，予以放行[1]
		经抽检发现活的有害生物的，监督货主或者其代理人对木质包装进行除害处理
		经抽查发现木质包装未加施IPPC专用标识的，对木质包装进行除害处理或者销毁处理

备注：1. 检验检疫机构按规定抽查检疫

职业应用

张同学是今年刚进入某报检单位实习的学生。某日，他接到一份代理报检的委托书：上海某公司进口一台仪器设备，该设备用木条进行外包装，经中国香港中转入境，该包装还未加施 IPPC 标识。

根据规定，经港澳地区中转入境的货物，货主或其代理人可以申请国家质检总局认定的港澳地区检验机构实施除害处理并加施 IPPC 标识或者出具证明文件。入境时，检验检疫机构按照相关规定进行抽查或者检疫。

考虑到上述情况，张同学即刻委托香港的相关工作人员。当货物经香港中转时，即对该仪器设备的木条包装进行检疫处理，并加施 IPPC 标识。入境报检时，只要向检验检疫机构提供香港的“IPPC 确认申明”即可。

3. 出境货物木质包装的检验检疫操作要点

（1）报检时限和地点。应在木质包装实施除害处理前向当地的出入境检验检疫机构报检，提出出证申请。

（2）报检要求。所有出境货物木质包装均须按照要求进行检疫处理并加施 IPPC 专用标识的木质包装，或委托具有标识加施资格的除害处理单位实施除害处理并加施标识。

（3）检疫处理。出境货物木质包装的检验检疫处理方法见表 4－24。

表 4－24　　出境货物木质包装的检验检疫操作程序

木质包装报检	报检所需单证	检验检疫机构的处理
加施 IPPC 标识	“出境货物报检单”； 合同、发票、装箱单	经检疫除害处理，出具“出境货物木质包装除害处理合格凭证”，并加施 IPPC 标识
		对不符合规定的木质包装，不准出境

业务拓展

木质包装材料检疫除害处理方法

热处理（HT）：其要求木材中心温度至少达到 56℃，并持续 30 分钟以上。窑内烘干（KD）、化学加压浸透（CPI）或其他方法只要达到热处理要求，可以视为热处理。如化学加压浸透可通过蒸汽、热水或干热等方法达到热处理的技术指标要求。

溴甲烷熏蒸处理（MB）：其要求最低熏蒸温度不低于 10℃，熏蒸时间最低不应少于 16 小时。来自松材线虫疫区国家或地区的针叶树木质包装，如日本、美国、加拿大、墨西哥、韩国、葡萄牙及中国台湾的，熏蒸时间最低不应少于 24 小时。

二、出境一般货物运输包装容器报检

1. 出境一般货物运输包装容器报检概述

（1）报检范围。出境货物运输包装容器主要分为：一般货物运输包装容器、危险货物运输包装容器、食品包装容器三大类。**出境一般货物运输包装容器，是指在商品流通过程**

中，为了保护商品，方便储存，利于运输，防止环境污染和预防安全事故，按一定技术规范而使用的包装器具、材料及其他辅助物的总体名称。

凡列入"出入境检验检疫机构实施检验检疫的进出境商品目录"或其他法律、行政法规规定，并且检验检疫监管条件为"N"或"S"的出口货物的运输包装容器，必须报检验检疫机构检验，经检验合格后，方准盛装出口货物。

业务链接

检验检疫监管类别

"M"——进口商品检验；"N"——出口商品检验；"P"——进境动植物、动植物产品检疫；"Q"——出境动植物、动植物产品检疫；"R"——进口食品卫生监督检验；"S"——出口食品卫生监督检验；"L"——民用商品入境验证。

（2）报检要求。出境货物运输包装的检验分性能检验和使用鉴定两种。出境货物运输包装检验方法见表4-25。

表4-25　出境货物运输包装检验方法

检验方法		报检要求
性能检验	盛装出境货物的包装容器	经检验合格并取得"出入境货物包装性能检验结果单"
	盛放食品的包装物及材料	经检验合格并取得"出入境货物包装性能检验结果单"
使用鉴定		一般在出口货物实施品质检验时同时进行[1]

注：1. 使用鉴定与所包装的出口货物同时报检。

小贴士

目前，检验检疫机构实施性能检验的出境一般货物运输包装容器包括：钢桶、铝桶、镀锌桶、钢塑复合桶、纸板桶、塑料桶（罐）、纸箱、集装袋、塑料编织袋、麻袋、纸塑复合袋、钙塑瓦楞箱、木箱、胶合板箱（桶）、纤维板箱（桶）等。

2. 出境一般货物运输包装容器报检要点

（1）报检义务人。按照《商检法》规定，出境一般货物运输包装容器的报检义务人为生产出口一般货物运输包装的生产企业，该生产企业必须向检验检疫机构申请包装容器的性能检验，取得"出境货物运输包装性能检验结果单"。

（2）报检时应提供的单证。办理出境一般货物运输包装容器性能报检时应当提供的单证主要有：出境货物运输包装检验申请单；生产单位出具的该批包装容器检验结果单；包装容器规格清单；客户订单及对包装容器的有关要求；该批运输包装容器的设计工艺、材料检验标准等技术资料等。

（3）“出境货物运输包装性能检验结果单”的使用。对经鉴定合格的出口货物运输包装容器，检验检疫机构将出具“出境货物运输包装性能检验结果单”。“出境货物运输包装性能检验结果单”具体使用见表4－26。

表4－26 “出境货物运输包装性能检验结果单”的使用

用途	提供单位	收取并使用的单位
购买货物运输包装容器	生产运输包装容器的企业	购买包装容器的企业，盛装出口货物
出口报检	出口货物报检的企业	检验检疫机构，核销

特别需要指出的是：在“出境货物运输包装性能检验结果单”的有效期内，同一批号，不同使用单位，或同一批号多次装运的出口货物包装容器，可以凭该单向检验检疫机构申请办理分证。

职业应用

某公司与外商签订了一份出口货物合同。该货物用镀锌桶作为运输包装容器，需分3个月分批装运出口。第一批货物在出口报检时，报检员向检验检疫机构提供了“出境货物运输包装性能检验结果单”，由检验检疫机构进行备案，并申请分单，供第二、三批货物出口报检时使用。

三、出入境集装箱报检

1. 出入境集装箱检验检疫的范围

根据我国《进出口商品检验法》、《进出境动物植物检疫法》、《国境卫生检疫法》、《食品卫生法》及有关法律、法规的规定，必须对出入境和过境的集装箱实施强制性的卫生和动植物检验检疫。出入境集装箱的检验检疫具体范围见表4－27。

表4－27 集装箱强制性检验检疫的范围

类 型	范 围	检验检疫内容
入境集装箱	所有入境集装箱	卫生检疫
	来自疫区集装箱	卫生检疫 动植物检疫
	装载动植物、动植物产品和其他检验检疫物集装箱	
	箱内带有植物性包装物或铺垫材料集装箱	
	其他（法律、行政法规、国际条约规定或者贸易合同约定的）	检验检疫

续表

类　型	范　围	检验检疫内容
出境集装箱	所有出境集装箱	卫生检疫
	装载动植物、动植物产品和其他检验检疫物的集装箱	卫生和动植物检疫
	装运出口易腐烂变质食品、冷冻品的集装箱	适载检验
	输入国要求实施检验检疫的集装箱	检验检疫
	其他集装箱	检验检疫
过境集装箱	所有因过境原因入境的集装箱	检验检疫

2. 出入境集装箱报检要点

（1）入境集装箱的检验检疫。①报检的时限、地点。在入境前、入境时、过境时向入境口岸检验检疫机构报检，未经检验检疫机构许可不得提运或拆箱。②提供的单据。填写“入境货物报检单”或“出/入境集装箱报检单”，提供提货单、到货通知单等单证以及有关货物描述的有关情况。③操作程序。承运人、货主或其代理人根据集装箱所装货物是否是法检商品，填写“入境货物报检单”或“入境集装箱报检单”，向入境口岸检验检疫机构报检。出入境集装箱的报检程序如图 4－6。

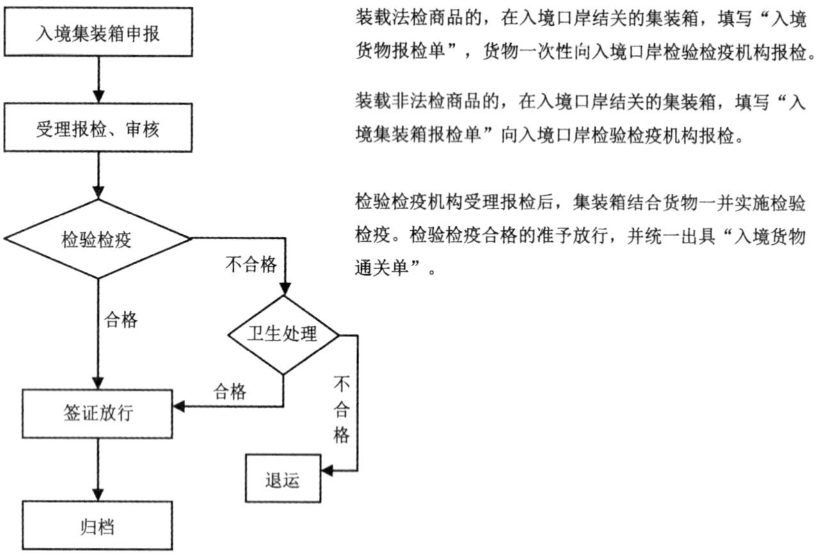

图 4－6　入境集装箱报检程序示意图

职业应用

某年 12 月 12 日，某检验检疫局对一批来自象牙海岸的进境集装箱及所载原木实施检验检疫时，在集装箱内截获我国禁止进境二类危险性有害生物——非洲大蜗牛。

检验检疫人员根据国际法律法规规定。对集装箱及所载原木实施熏蒸消毒处理。检验检疫人员立即用溴甲烷对该集装箱及货物实施了熏蒸灭虫处理，防止了疫情的传入。

（2）出境集装箱的检验检疫。①报检的时限、地点。在出境前或出境时，在出境口岸装载拼装货物的集装箱时，向出境口岸检验检疫机构报检，未经检验检疫机构许可不准装运。②提供的单据。出境集装箱报检时，如集装箱与货物不能一起报检的，报检人应填写“出境集装箱报检单”向检验检疫机构报检，并提供相关的资料和单据。③操作程序。出境集装箱检验检疫操作程序如图 4 －7。

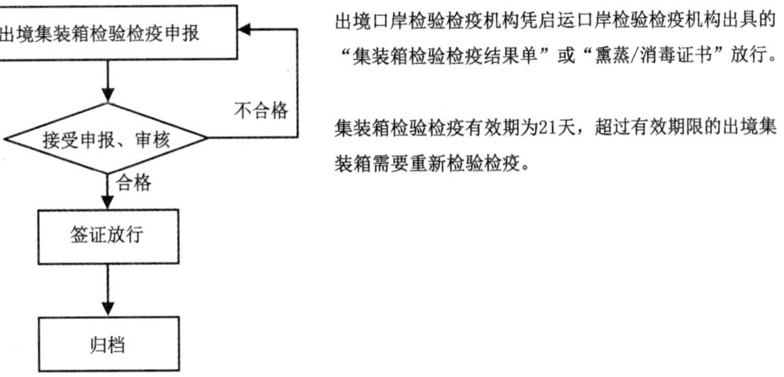

图 4 －7　出境集装箱报检程序示意图

（3）入境转关分流的集装箱，指运地结关（转关）的入境集装箱，由指运地检验检疫机构实施检验检疫。

口岸检验检疫机构实施口岸登记，将应在指运地实施检验检疫的入境集装箱的有关资料信息通报相应的检验检疫机构，以便指运地检验检疫机构对入境集装箱实施检验检疫和监管管理。指运地检验检疫机构应将集装箱检验检疫情况及时反馈口岸检验检疫机构。

【实战案例】

河南安阳某化工获得了 400 升闭口塑料桶和纤维板箱出口危险货物包装容器生产质量许可证。该企业的关务人员从来没有碰到过类似问题，于是他们向有关部门咨询。你能帮助他们解决如下问题吗？

（1）这批危险货物包装容器出口时是否需要报检？

（2）如果需要，还需要哪些报检单证？

【案例操作】

出境危险货物运输包装容器被列入法定检验范围。因此这批危险货物包装容器必须进行报检。

该生产企业须先向检验检疫机构申请运输包装容器的性能检验，经检验合格获得“出境危险货物运输包装性能检验结果单”、“出境危险货物运输包装容器的使用鉴定结果单”方可提供给使用单位。使用单位在出口报检时，须凭“性能检验结果单”和“使用鉴定结果单”及其他相关资料，才能向检验检疫机构申报出口。